U0142731

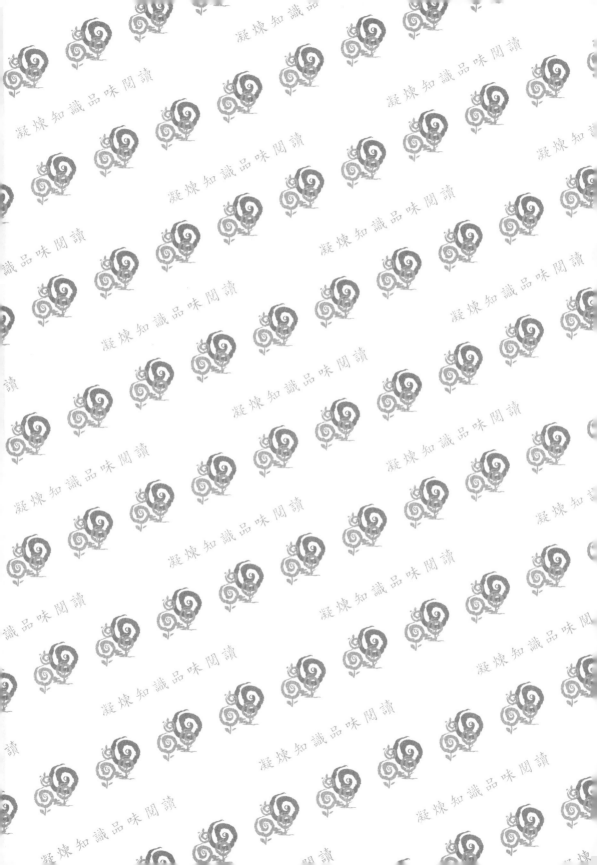

圖解

五南圖書出版公司 印行

類別資料分析

陳耀茂 / 編著

閱讀文字

理解內容

觀看圖表

圖解讓

類別資料分析

更簡單

序言

　　在社會科學的分析中，我們雖然想方設法將許多現象予以數值化，方便我們使用多元線性迴歸來進行統計分析。然而，更多社會現象是以類別的姿態呈現於真實世界，這種質性變項難以數值化，但卻是我們日常生活的常態。例如，詢問您有多快樂？回答有非常不快樂、不快樂、普通、快樂、非常快樂，或是詢問您有多滿意？回答有非常不滿意、不滿意、普通、滿意、非常滿意，許多研究基於方便將其視為連續變項，但正確來說，這是一個具有順序層級的類別變項，當它成為研究的依變項時，我們無法使用一般線性迴歸來估計。因此，處理類別資料的統計模型成為社會科學研究中重要的一部分。

　　一般在學習統計方法處理問題時，首先讓人感到困擾的是

●「此數據要選擇哪種的統計處理方法好呢？」

●「要如何輸入數據，有無明確的輸入步驟？」

●「輸入後，在進行統計處理時，有無明確的處理步驟？」

　　此煩惱利用圖解的方式即可迎刃而解。

　　最後讓人感到困擾的是

●「結果要如何判讀？」

　　此煩惱只要看本書的解說，即可將「霧煞煞」一掃而光。

　　本書的特徵有以下四項：

◆ 只要看數據類型，統計處理方法一清二楚。

◆ 利用圖解，數據的輸入與其步驟，清晰明確。

◆ 利用圖解，統計處理的方法與其步驟，清晰明確。

◆ 輸出結果的判讀方法簡明易懂。

　　總之，只要利用滑鼠，任何人均可簡單進行數據的統計處理。

　　最後，讓您在操作中得到使用的滿足感，並希望對您的分析有所助益。

陳耀茂

東海大學企管系

第 1 章
類別資料的基礎知識

本章內容

1.1 前言

所謂**類別資料**（**categorical data**）是指何種的資料呢？
意見調查時經常出現的是類別資料。
因此，請看以下的意見調查問卷。

表 1.1 意見調查問卷

問 1. 您的性別是 　　　1. 女性　2. 男性　　　　　　　　　　　　　　　　　　　【性別】
問 2. 您的年齡是 　　　1. 20 世代　2. 30 世代　3. 40 世代　4. 50 世代　　　　【年齡】
問 3. 您的職種是 　　　1. 事務職　2. 技術職　3. 管理職　　　　　　　　　　　【職種】
問 4. 您滿意您的職業嗎？ 　　　1. 滿意　2. 稍微滿意　3 略微不滿意　4. 不滿意　　【滿意度】
問 5. 您飼養寵物嗎？ 　　　1. 有　2. 無　　　　　　　　　　　　　　　　　　　【寵物】

〔問 1〕的回答是被分成女性與男性 2 者。此時，將女性、男性分別稱爲
類。

圖 1.1.1　性別

 Tea Break

> 　　數據與資料之用法，並無明顯定義，通常數值資料稱為數據，非數值資
> 料則稱為資料以茲區分。

〔問 3〕的回答是分成 3 類的職種。

圖 1.1.2 職種

像這樣,資料是由幾個類別所構成時,稱為「**類別資料**」。

〔問 2〕與〔問 4〕的回答由於被分成 4 個,所以是類別資料。

意見調查的回答幾乎是像問 4 的回答。

1.2 資料種類

資料的種類大略區分，有 3 種：**名義資料、順序資料、數值資料**。

➤ 名義資料

像性別、職種、居住地域、喜好動物、喜好食物之類，類別之間沒有順序關係之資料稱為名義資料。

在 SPSS 的名義資料中，準備有單一名義、平滑曲線（spline）名義、多重名義 3 種。

單一名義時，數量化的次元只有 1 個，多重名義是有數個次元，各次元的數量化之值是不同的。多重名義請參照第 7 章〔輸出結果的判讀法・1〕的③與〔輸出結果的判讀法・2〕的⑥、⑦。

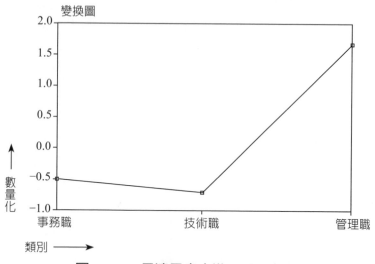

圖 1.2.1　最適尺度水準：單一名義

X 軸是原來的類別，Y 軸是已數量化之值。

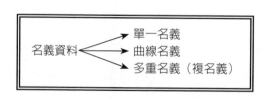

➢ 順序資料

像滿意度、等級、商品被選出的序號，要求改善的順位等，類別之間有順序關係之資料稱爲順序資料。

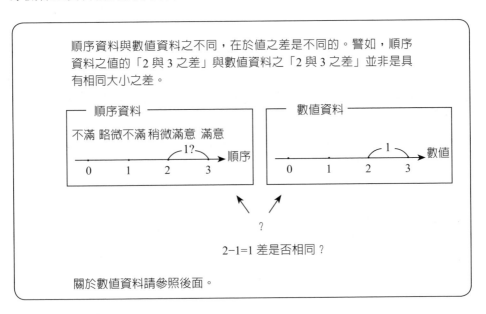

SPSS 的順序資料準備有順序與平滑曲線（spline）順序 2 種。

如使用平滑曲線順序時，利用數量化雖可以增加圓滑性，但與原來的資料的適合度即變低。

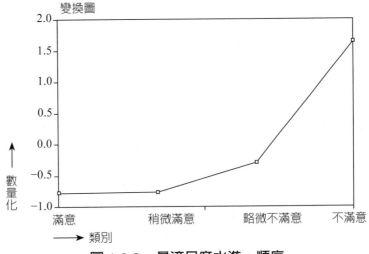

圖 1.2.2　最適尺度水準：順序

X 軸是原來的類別，Y 軸是已數量化之值。

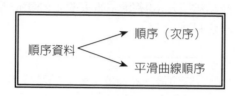

➤ 數值資料

像年齡與金額，被分數化的回答等，利用具有一定間隔或比率的尺度所測量的資料稱為數值資料。

＊數值資料之差具有一定的意義，譬如，對某看法自己可以贊同到何種程度呢？將此設問進行分數化時，不管是用 1～5 的數值或是 -2～+2 的數值都沒有關係。
＊也有將數值資料再分成**距離尺度**與**比例尺度**。
　將**間隔尺度**稱為距離尺度（distance scale）的人也有。

名義尺度（nominal scale）……掛號的 11 號，12 號，13 號
順序尺度（odinal scale）……成績的 11 名，12 名，13 名
間隔尺度（interval scale）……溫度的 11 度，12 度，13 度
比例尺度（ratio scale）……金額的 11 元，12 元，13 元

區分間隔尺度與比例尺度是很難的。雖然有 10 元是 5 元的 2 倍的表現方式，但不太說氣溫 10 度是 5 度的 2 倍。

Tea Break

絕對 0：什麼也不存在。
非絕對 0：譬如，0 度是有刻度的，又
譬如，出場人數 0 人：絕對 0。
溫度 0 度：非絕對 0。

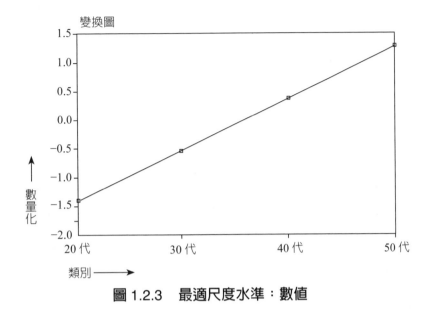

圖 1.2.3　**最適尺度水準：數值**

X 軸是原來的類別，Y 軸是已數量化之值。

Tea Break

　　數量化理論具體為對程度、狀態、有無等數值資料（量性資料）和除此
之外的質變量（質性資料）進行分析，並對上述資料使用多變量分析的手
法，定義質變量之間的類似度（相關係數），並基於此解析資料間的關係。
數量化理論有 I 類、II 類、III 類、IV 類、V 類、VI 類共 6 種方法，現在從 I
類到 IV 類比較為人所知。

　　其中 I 類為迴歸分析，II 類為判別分析，III 類依情況分別對應於主成分分
析和因子分析。

Note

第 2 章
信度分析

本章内容

2.1 效度簡介

一份測驗的好壞除了要難度適中、有高的鑑別度外，也要有效度（validity）與信度（reliability）。

效度（也稱爲正確度）是探討一個變數是否眞能量測出所想要測量的觀念。是否 IQ 測量眞能量出智力？是否一份問卷眞能量測出顧客的忠誠度？是否一部體重機眞能測量出體重？這些都是效度問題。

傳統上，心理學家已提出 3 種效度型態：包括內容效度（content validity）、效標效度（criterion validity），以及建構效度（construct validity），內容效度主要是「觀念上的驗證」，而其他兩種效度是以經驗數據爲依據。如果測量眞能表達原來的觀念，我們期望 3 種效度都很高，但事實上，也有某些效度指標高，而其他效度指標不盡理想。

1. 內容效度：它是一份測量內容的代表性或是取樣的適切性，一般以教材內容與教學目標爲測量內容效度的依據是較爲主觀的方法。內容效度是一種定性的效度，它界定一個觀念的範圍，並分析判斷測量內容是否眞能代表此範圍。譬如，想衡量學生對統計的理解程度，所用的衡量工具是「如何決定樣本大小」、「何謂機率抽樣」、「何謂非機率抽樣」，很顯然這個工具是缺乏內容效度的。

2. 效標效度：效標效度是以外在效標與本份測驗的相關係數爲評量依據，所謂效標通常指一份已被認定是此種測驗的標準評量。效標效度又可分成同時效度與預測效度。所謂同時效度是指測驗與效標兩者的分數是同時段獲得的，目的是使用測驗分數來評估學生在效標方面目前的表現。而預測效度則是指在未來一段時間才取得，目的是利用本測驗分數預測學生在效標方面未來的表現。效標效度是以測量與效標間之相關係數的絕對值（譬如路徑係數）爲指標。

3. 建構效度：所謂建構效度是指測驗能夠測量到理論上的建構或特質的程度，心理學上如智力、性向、焦慮、內向等理論構想（簡稱建構、構念）或特質是不可直接預測到的，建構效度分析主要是透過因素分析或是線形結構方程式而得。很多社會科學的「觀念」是無法完全清楚的定義，因此沒有辦法應用內容效度，而如前述要找到適當的效標也不是一件容易的事，在此情況下就要使用建構效度。

　有關效度的檢視方式有以下幾種。

1. 因素分析

構面	問項	建構效度	信度
技術整合	1-1	0.797	0.847
	1-2	0.824	
	1-3	0.847	
	1-4	0.807	
⋮	⋮	⋮	⋮

建構效度是指因素負荷量，低於 0.5 的問項可刪除

2. 以結構方程式定義效度

　以 x_i 與 ξ 的路徑係數 λ_i 作為效度指標，λ_i 即為測量工具 x_i 對觀念 ξ 的效度。

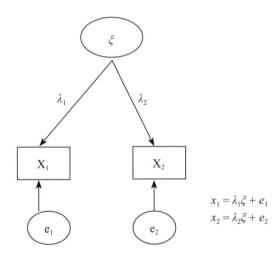

$$x_1 = \lambda_1 \xi + e_1$$
$$x_2 = \lambda_2 \xi + e_2$$

3. 凡出現天井效果與地板效果（6級評價）的項目，該項目的效度視為不佳。
　天井效果：平均值＋標準差＞6
　地板效果：平均值－標準差＜1

2.2 信度簡介

　　所謂信度（reliability）指的是一份測驗所測得的分數的可信度或穩定性，也就是同一群受測者在同一份測驗上測驗多次的分數要有一致性，所謂信度是指測量的一致性的程度。信度不涉及測量所得是否正確，它只關心的是測量本身是否穩定，所得結果是否可靠，也就是測量幾次結果是否都一致的問題。如果一份智力測驗某生考幾次都得 95 分，就可能表示此份測驗有高的信度，但是這份測驗是要測智力的或是測語文能力的，就不能單由信度高來得到結論，也就是信度並不是效度的保證，但信度高是一份有效度測驗的基本條件，一份測驗如沒有信度，也就沒有效度可言了。信度有兩方面的意義：

1. 穩定性：在兩個不同的時間點重複測量相同的事物，然後比較兩次測量分數的相關程度。
2. 一致性：在同一尺度之內，各項目的內部一致性（每人對項目看法的一致性）。

　　信度的測量方法有 Guttman 的折半法與 Cronbach α 係數。折半法譬如將 Likert 尺度的 30 個項目分成 15 項與 15 項，求各 15 項合計的分數，再求相關係數，即為折半法的相關係數。此係數越高，表示各項目是相同的概念。可認為問卷有信度。折半法已受到日益增多的批評，因為分割成兩半，有許多不同的分割方式，每一種分割方式都會產生不同的相關係數，到底哪一種分割方式是最正確的，並不能提供答案。Cronbach α 係數類似相關係數，越接近 1，項目的信度越高。

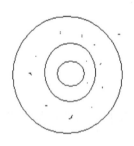

無信度也無效度

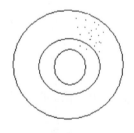

有高度信度卻無效度

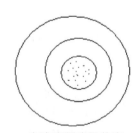

有高度信度及效度

2.3　問題探討

21 世紀的問題之中，最受到矚目的是老人照顧的問題。
因此，製作了如下的問卷。

表 2.3.1　問卷

項目 1	您可以 1 個人用餐嗎？			
	1. 不可以	2. 需要照顧	3. 可以	【用餐】
項目 2	您可以 1 個人穿衣、脫衣嗎？			
	1. 不可以	2. 需要照顧	3. 可以	【穿脫】
項目 3	您可以 1 個人步行嗎？			
	1. 不可以	2. 需要照顧	3. 可以	【步行】
項目 4	您可以 1 個人上廁所嗎？			
	1. 不可以	2. 需要照顧	3. 可以	【上廁所】
項目 5	您可以 1 個人洗澡嗎？			
	1. 不可以	2. 需要照顧	3. 可以	【洗澡】

➢ **想知道的事情是？**

當然想知道的事情是從此問卷來浮現出老人照顧的問題，但此處首先就此「測試的信度有多少」進行調查看看。

問卷調查的結果如下：

Tea Break

　　信度（reliability），指的是測量方法的品質，即對同一現象進行重複觀察之後是否可以得到相同資料值。科學研究者試圖使用一系列的指標來測量個人或社會現象。可信度概念是研究者們提出用來測量的量度工具穩定的程度。比如說如果用磅秤來測量一個人的體重，如果第一次稱重是 80 公斤，而第二次稱重是 100 公斤，那麼很明顯用這台磅秤來反映體重不是很可信的辦法。這個類比也適用於其他的社會科學測量方式，比方各種問卷調查、心理量表，以及更廣義上的觀察。

表 2.3.2　問卷調查的結果

受驗者	項目一	項目二	項目三	項目四	項目五
1	可以	可以	可以	需要照顧	需要照顧
2	可以	需要照顧	需要照顧	需要照顧	需要照顧
3	不可以	不可以	不可以	不可以	需要照顧
4	可以	可以	可以	可以	可以
5	可以	可以	不可以	需要照顧	不可以
6	可以	可以	需要照顧	需要照顧	不可以
7	可以	可以	可以	需要照顧	需要照顧
8	不可以	不可以	不可以	不可以	不可以
9	可以	不可以	需要照顧	不可以	需要照顧
10	可以	需要照顧	不可以	需要照顧	不可以
11	可以	可以	不可以	可以	需要照顧
12	可以	可以	需要照顧	可以	可以
13	可以	不可以	需要照顧	需要照顧	不可以
14	可以	可以	需要照顧	需要照顧	可以
15	不可以	不可以	不可以	不可以	不可以
16	可以	可以	可以	可以	可以
17	可以	可以	可以	可以	需要照顧
18	可以	可以	不可以	不可以	可以
19	不可以	不可以	不可以	不可以	不可以
20	可以	可以	可以	可以	可以
21	可以	可以	可以	可以	可以
22	不可以	不可以	需要照顧	不可以	不可以
23	不可以	可以	需要照顧	可以	需要照顧
24	可以	可以	可以	可以	需要照顧
25	可以	可以	需要照顧	需要照顧	需要照顧
26	可以	不可以	不可以	不可以	可以
27	可以	需要照顧	需要照顧	需要照顧	需要照顧
28	可以	可以	可以	可以	可以
29	可以	可以	可以	可以	可以
30	可以	可以	可以	可以	可以
31	不可以	需要照顧	不可以	不可以	需要照顧
32	可以	可以	需要照顧	可以	可以

受驗者	項目一	項目二	項目三	項目四	項目五
33	可以	可以	需要照顧	需要照顧	不可以
34	不可以	可以	需要照顧	需要照顧	可以
35	可以	可以	需要照顧	可以	需要照顧
36	可以	可以	需要照顧	不可以	可以
37	可以	需要照顧	需要照顧	不可以	不可以
38	可以	可以	不可以	可以	不可以
39	可以	可以	不可以	可以	不可以
40	可以	可以	不可以	可以	不可以
41	可以	可以	可以	不可以	不可以
42	可以	需要照顧	需要照顧	需要照顧	需要照顧
43	可以	可以	不可以	需要照顧	需要照顧
44	可以	可以	需要照顧	需要照顧	不可以
45	可以	可以	可以	可以	不可以
46	可以	可以	可以	可以	不可以
47	可以	可以	可以	可以	不可以

↑	↑	↑	↑	↑
〔用餐〕	〔穿脫〕	〔步行〕	〔上廁所〕	〔洗澡〕

➤ 信度分析想了解的事情

信度分析是以信賴性係數的統計量表現該測量的信度是多少的一種手法。
信賴性係數有：
1. 利用 **Cronbach's** α 之信賴性係數
2. 利用 **Guttman** 的折半法之信賴性係數

Tea Break

> SPSS 稱信賴性係數為可靠性係數。

【數據輸入的類型】

表 2.3.2 的數據，輸入如下。

	受試者	用餐	穿脫	步行	上廁所	洗澡	變數	變數
1	1	3	3	3	2	2		
2	2	3	2	2	2	2		
3	3	1	1	1	1	2		
4	4	3	3	3	3	3		
5	5	3	3	1	2	1		
6	6	3	3	2	2	1		
7	7	3	3	3	2	2		
8	8	1	1	1	1	1		
9	9	3	1	2	1	2		
10	10	3	2	1	2	1		
11	11	3	3	1	3	2		
12	12	3	3	2	3	3		
13	13	3	1	2	2	1		
14	14	3	3	2	3	3		
15	15	1	1	1	1	1		
16	16	3	3	3	3	3		
17	17	3	3	3	3	2		
18	18	3	3	1	1	3		
19	19	1	1	1	1	1		
20	20	3	3	3	3	3		
21	21	3	3	3	3	3		
22	22	1	1	2	1	1		
23	23	1	3	2	3	2		
24	24	3	3	3	3	2		

〔用餐〕 〔穿脫〕 〔步行〕 〔上廁所〕 〔洗澡〕

2.4 信度分析

【統計處理的步驟】

步驟 1 　輸入數據之後，按一下分析 (A)。由清單選擇比例 (A)，再從子清單選擇信度分析 (R)。

步驟 2 　變成如下畫面時，將項目1到項目5移到右方的項目 (1) 的方框中。先確認畫面左下的模式 (M) 的地方出現 Alpha 值 (α)。接著，按一下畫面下的統計資料 (S)。

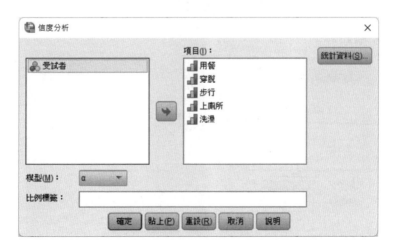

步驟 3 變成以下的畫面時，點選描述統計量對象的
項目 (I)、比例 (S)、刪除項目後的比例 (A)
接著，按 繼續。

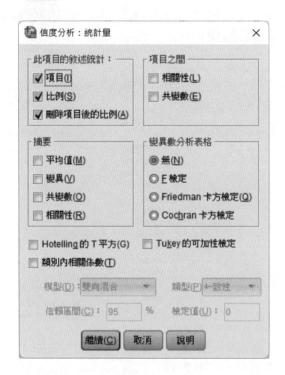

步驟 4 回到步驟 2 的畫面時，按 確定。

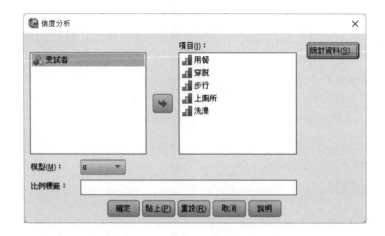

【SPSS 輸出‧1】— Cronbach α

可靠性統計量

Cronbach's Alpha	項目數
.768	5

項目統計量

	平均值	標準偏差	N
用餐	2.70	.689	47
穿脫	2.53	.776	47
步行	2.02	.794	47
上廁所	2.19	.825	47
洗澡	1.91	.830	47

項目整體統計量

	比例平均值（如果項目已刪除）	比例變異（如果項目已刪除）	更正後項目總計相關性	Cronbach's Alpha（如果項目已刪除）
用餐	8.66	5.708	.545	.726
穿脫	8.83	4.970	.694	.670
步行	9.34	5.403	.526	.730
上廁所	9.17	4.970	.632	.691
洗澡	9.45	5.948	.331	.798

③

比例統計量

平均值	變異	標準偏差	項目數
11.36	7.975	2.824	5

【輸出結果的判讀法‧1】—Cronbach α
①求出 5 個項目的平均值、標準差。

數值表徵

	平均值	標準差	變異數
用餐	2.7021	0.6889	$(0.6889)^2$
穿脫	2.5319	0.7760	$(0.7760)^2$
步行	2.0213	0.7937	$(0.7937)^2$
上廁所	2.1915	0.8246	$(0.8246)^2$
洗澡	1.9149	0.8296	$(0.8296)^2$

②是 Cronbach 的 α 係數。

$$\alpha = \frac{5}{5-1} \left[1 - \frac{(0.6889)^2 + (0.7760)^2 + (0.7937)^2 + (0.8246)^2 + (0.8296)^2}{7.9750} \right]$$

$$= 0.7680$$

此信度係數越接近 1，測試的信度可以認為越高。

因為 $\alpha = 0.7680$，因之表 2.0.2 的問卷調查的信度可以說是高的。

③這是削除各個項目時的 Cronbach 的 α。

譬如，削除洗澡時，由用餐到上廁所的 Cronbach 的 α 是 0.7983。

因此，想提高意見調查的信度時，此輸出是有幫助的。

 **Tea Break**

計算公式如下：

$$\alpha = N\bar{\rho} / [1 + \bar{\rho}(N-1)]$$

上式中 N 表示項目數，$\bar{\rho}$ 表示每一個項目與其他項目之間兩兩相關係數的平均數。若有 10 個項目，總共有 45 個相關係數，求取 45 個相關係數的平均數即為 $\bar{\rho}$。

或者

$$\alpha = \frac{k}{k-1} \left(1 - \frac{\sum \sigma_i^2}{\sigma_T^2} \right)$$

K 表尺度中項目數，σ_i^2 表項目 i 中的變異數，σ_T^2 表總分的變異數。

【SPSS 輸出・2】—Guttman 的折半法

項目統計量

	平均值	標準偏差	N
用餐	2.70	.689	47
穿脫	2.53	.776	47
步行	2.02	.794	47
上廁所	2.19	.825	47
洗澡	1.91	.830	47

項目整體統計量

	比例平均值（如果項目已刪除）	比例變異（如果項目已刪除）	更正後項目總計相關性	Cronbach's Alpha（如果項目已刪除）
用餐	8.66	5.708	.545	.726
穿脫	8.83	4.970	.694	.670
步行	9.34	5.403	.526	.730
上廁所	9.17	4.970	.632	.691
洗澡	9.45	5.948	.331	.798

可靠性統計量

Cronbach's Alpha	第 1 部分	值	.720
		項目數	3[a]
	第 2 部分	值	.396
		項目數	2[b]
	項目總數		5
報表之間的相關性			.631 ← ⑤
Spearman-Brown 係數	相等長度		.774
	不相等第度		.780
Guttman 折半係數			.749 ← ④

a. 項目為：用餐，穿脫，步行
b. 項目為：上廁所，洗澡

【輸出結果的判讀法·2】—Guttman 的折半法

④這是利用 Guttman 的折半法的信度係數。

$$G = \frac{2 \times (7.9750 - 3.2812 - 1.7058)}{7.9750} = 0.7493$$

　　此值越接近 1 時，可以認為此意見調查的信度是越高的。

⑤項目 1、2、3 與項目 4、5 的相關係數。

$$\frac{7.9750 - 3.2812 - 1.7058}{2 \times \sqrt{3.2812}\sqrt{1.7058}} = 0.6315$$

⑥Equal-length Spearman-Brown

$$\frac{2 \times 0.6315}{1 + 0.6315} = 0.7741$$

⑦ Unequal-length Spearman-Brown

$$\frac{-5^2 \times 0.6315^2 + \sqrt{5^4 \times 0.6315^4 + 4 \times 5^2 \times 0.6315^2 \times (1 - 0.6315)^2 \times 3 \times 2}}{2 \times (1 - 0.6315^2) \times 3 \times 2}$$

$$= 0.7799$$

第 3 章
意見調查中差的檢定

本章內容

3.1 前言

想用意見調查分析的事項之一有

「組間的差異檢定」。

譬如，

「日本的學生與美國的學生中的意識差異」。

此時，經常利用的是

獨立性的檢定

此檢定，首先製作交叉累計表，其次再進行 χ^2 檢定（chi-square test）。

表 3.1.1　2×3 交叉累計表

	贊　成	均　可	反　對
日本			
美國			

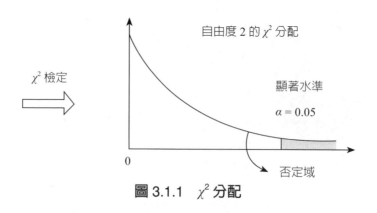

圖 3.1.1　χ^2 分配

但是，此卡方檢定卻有無法檢定自己所想的差異。

此時，雖想進行

t 檢定或單因子變異數分析，

但此處碰到困擾的事情。

那就是

「研究對象形成常態母體嗎？」。

此時，有沒有好的方法呢？

⋮

有的！！

意見調查時，回答形成

「順序數據」

是經常有的。
此時，可以應用像是

$$\left\{\begin{array}{l} \text{Wilcoxon 的等級和檢定} \\ \text{Kruskal-Wallis 的檢定} \end{array}\right.$$

等的無母數檢定。

 Tea Break

無母數分析的優點：
1. 母體分配未知或非常態分配或樣本數不夠大時，皆可使用。
2. 計算簡單且快速。
3. 不易得到顯著結果。

3.2 何謂2個組中順序數據之差的檢定

不管到了哪一個時代，親子關係都無法簡單地加以掌握。

雙親對子女的愛情，子女對雙親的反抗

是否因國家（出生地）而有不同呢？

因此，為了研究此種問題，針對日本學生10人與美國學生10人進行如下的意見調查。

表 3.2.1 意見調查問卷

問 1. 您與母親談話嗎？
    1. 幾乎沒有   2. 不太常   3. 有時   4. 經常

【與母親的談話】

問 2. 您與父親談話嗎？
    1. 幾乎沒有   2. 不太常   3. 有時   4. 經常

【與父親的談話】

問 3. 您會反抗雙親嗎？
    1. 經常   2. 有時   3. 不太常   4. 幾乎沒有

【反抗的態度】

➤ 想知道的事情是？

從此意見調查想知道的事情是有關

「日本學生與美國學生對雙親在意識上的差異」。

譬如，就問題3「反抗的態度」，將意見調查的結果整理在交叉累計表上時，即成為如下。

Tea Break

> 2 個組中數據之差的檢定是使用平均數，2 個組中順序數據之差的檢定是使用等級或等級和，其檢定方法是有所不同的。

表 3.2.2　2×4 交叉累計表

	經常	有時	不太常	幾乎沒有
日本	2 人	2 人	1 人	5 人
美國	5 人	4 人	1 人	0 人

當作成此種交叉累計表時，經常利用的是

獨立性的檢定

　　假設 H_0：「反抗的態度」與國家（出生地）之間沒有關聯

同等性的檢定

　　假設 H_0：日本學生的回答比率與美國學生的回答比率是相同的

但是，如下考慮時，對於此意見調查可以應用

Wilcoxon 的等級和檢定。

〔註〕差的檢定

	獨立	有對應
2 組	Wilcoxon 等級和 Mann Whitney	Wilcoxon 符號等級
3 組以上	Kruskal-Wallis	Friedman

➤ 以 **Wilcoxon** 的等級和檢定可以了解的事情！

Wilcoxon 的等級和檢定是差檢定的一種。因此，利用數據的等級和即可調查「日本學生與美國學生對雙親的意識差異」

換言之，此意見調查的回答像

　　　　　經常　＜　有時　＜　不太常　＜幾乎沒有

　　　　　　① 　　 ② 　　 ③ 　　 ④

形成順序數據，因之

　　　　　「將數據轉換成等級（或稱等級；rank）」

即可求出檢定統計量。

譬如，像問題 3「反抗的態度」的情形，意見調查的回答形成

　　　　　　　　　　　　　日本人　 美國人

　　　第 1 位　 7 人　　　（2 人 ＋ 5 人）

第 2 位　6 人　　（2 人　＋　4 人）
第 3 位　2 人　　（1 人　＋　1 人）
第 4 位　5 人　　（5 人　＋　0 人）

檢定統計量如下求得。
日本學生 10 人與美國學生 10 人合計 20 人的等級，形成如下。

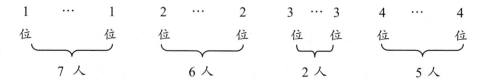

因為有相同的等級，所以 20 人的等級成為如下。

因此…
日本學生的一組的等級和為

$$4+4 \; + \; \underbrace{10.5+10.5}_{2人} \; \underbrace{+14.5}_{1人} \; \underbrace{+18+18+18+18+18}_{5人} = 133.5$$
$\underbrace{}_{2人}$

美國學生的一組的等級和為

$$\underbrace{4+4+4+4+4}_{5人} \; + \; \underbrace{10.5+10.5+10.5+10.5}_{4人} \; \underbrace{+14.5}_{1人} = 76.5$$

此即為 Wilcoxon 的等級和檢定的檢定統計量。
但是，等級和是 133.5 與 76.5 有 2 個，不管利用哪一個結果均相同。
因此意見調查的結果成為如下。

表 3.2.3　意見調查的結果

受驗者	出生地	問 1	問 2	問 3
1	日本	幾乎沒有	不太常	經常
2	日本	不太常	幾乎沒有	幾乎沒有
3	日本	有時	有時	有時
4	日本	經常	不太常	幾乎沒有
5	日本	幾乎沒有	不太常	經常
6	日本	經常	幾乎沒有	幾乎沒有
7	日本	不太常	幾乎沒有	有時
8	日本	經常	不太常	幾乎沒有
9	日本	有時	幾乎沒有	不太常
10	日本	經常	不太常	幾乎沒有
11	美國	幾乎沒有	不太常	不太常
12	美國	不太常	不太常	經常
13	美國	經常	經常	有時
14	美國	有時	經常	有時
15	美國	有時	有時	經常
16	美國	不太常	不太常	有時
17	美國	幾乎沒有	幾乎沒有	經常
18	美國	有時	經常	經常
19	美國	有時	經常	經常
20	美國	有時	不太常	有時

		↑	↑	↑
		反抗的態度	與父親的談話	與母親的談話

【數據輸入的類型】

表 3.2.3 的數據，如下輸出。

	出身地	詢問1	詢問2	詢問3	var	var	var
1	1	1	2	1			
2	1	2	1	4			
3	1	3	3	2			
4	1	4	2	4			
5	1	1	2	1		日本學生組	
6	1	4	1	4			
7	1	2	1	2			
8	1	4	2	4			
9	1	3	1	3			
10	1	4	2	4			
11	2	1	2	3			
12	2	2	2	1			
13	2	4	4	2			
14	2	3	4	2		美國學生組	
15	2	3	3	1			
16	2	2	2	2			
17	2	1	1	1			
18	2	3	4	1			
19	2	3	4	1			
20	2	3	2	2			

〔與母親的談話〕

〔與父親的談話〕

〔反抗的態度〕

3.3 利用SPSS的Wilcoxon等級和檢定

【統計處理的步驟】

步驟1　數據的輸入結束時，按一下〔分析 (A)〕，選擇〔無母數檢定 (N)〕。接著，在〔舊式對話框〕中選擇〔2個獨立樣本檢定〕。

步驟2　變成以下畫面時，將問題 3 移到檢定變數清單 (T)，將出生地移到分組變數 (G) 的方框之中。

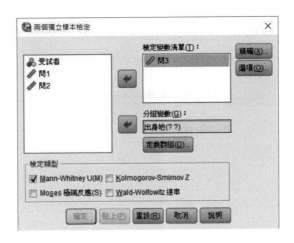

步驟 3 按一下〔定義組別 (D)〕時，變成了以下畫面，將 1 輸入到群組 1 的方框中，將 2 輸入到群組 2 的方框中，接著，按 繼續 。

步驟 4 確認〔分組變數 (G)〕的方框之中變成以下事項後再按 確定 。

【SPSS 輸出】

Mann-Whitney 檢定

等級

	出身地	N	平均等級	等級總和
問 3	日本	10	13.35	133.50
	美國	10	7.65	76.50
	總計	20		

檢定統計量 [a]

	問 3
Mann-Whitney U	21.500
Wilcoxon W	76.500
Z	-2.251 ← ①
漸近顯著性（雙尾）	.024 ← ②
精確顯著性 [2*(單尾顯著性)]	.029[b] ← ③

a. 變數分組：出身地
b. 未針對同分值更正

顯著機率與顯著水準的關係如下：

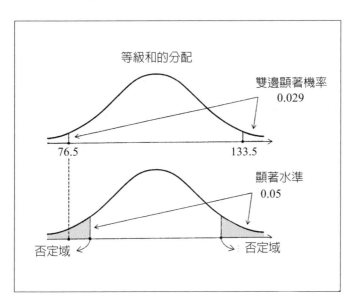

【輸出結果的判讀方法】

①是 Wilcoxon 的等級和檢定的檢定統計量。

$$76.5 = \underbrace{4 + 4 + 4 + 4 + 4}_{5\text{人}} + \underbrace{10.5 + 10.5 + 10.5 + 10.5}_{4\text{人}} + \underbrace{14.5}_{1\text{人}}$$

②以標準常態分配爲近似的雙邊顯著機率是 0.024，此機率稱爲**漸近顯著機率**。

③從等級和的分配所求出的雙邊顯著機率。

未以標準常態分配爲近似，因之此機率稱爲**精確顯著機率**。

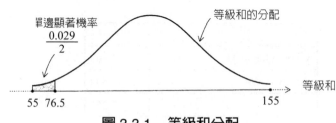

圖 3.3.1　等級和分配

觀察輸出結果時，

$$\text{雙邊顯著機率 } 0.029 < \text{顯著水準 } 0.05$$

假設 H_0：2 個組之間沒有差異

因之假設 H_0 可以捨棄。

因之，日本學生與美國學生對雙親的「反抗態度」有差異。

3.4 3個組中順序數據之差的檢定

針對日本、美國與中國的學生，進行了如下的意見調查，意見調查的內容與表 3.1.1 相同。

表 3.4.1　意見調查問卷

問 1. 您與母親談話嗎？ 　　1. 幾乎沒有　2. 不太常　3. 有時　　4. 經常 　　　　　　　　　　　　　　　　　　　　　　　　　　【與母親的談話】 問 2. 您與父親談話嗎？ 　　1. 幾乎沒有　2. 不太常　3. 有時　　4. 經常 　　　　　　　　　　　　　　　　　　　　　　　　　　【與父親的談話】 問 3. 您會反抗雙親嗎？ 　　1. 經常　　　2. 有時　　3. 不太常　4. 幾乎沒有 　　　　　　　　　　　　　　　　　　　　　　　　　　【反抗的態度】

意見調查的結果，如表 3.2.2 所示。

表 3.4.2　意見調查的結果

受驗者	出生地	問 1	問 2	問 3
1	日本	幾乎沒有	不太常	經常
2	日本	不太常	幾乎沒有	幾乎沒有
3	日本	有時	有時	有時
4	日本	經常	不太常	幾乎沒有
5	日本	幾乎沒有	不太常	經常

Tea Break

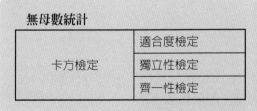

無母數統計		
卡方檢定	適合度檢定	
	獨立性檢定	
	齊一性檢定	

受驗者	出生地	問 1	問 2	問 3
6	日本	經常	幾乎沒有	幾乎沒有
7	日本	不太常	幾乎沒有	有時
8	日本	經常	不太常	幾乎沒有
9	日本	有時	幾乎沒有	不太常
10	日本	經常	不太常	幾乎沒有
11	美國	幾乎沒有	不太常	不太常
12	美國	不太常	不太常	經常
13	美國	經常	經常	有時
14	美國	有時	經常	有時
15	美國	有時	有時	經常
16	美國	不太常	不太常	有時
17	美國	幾乎沒有	幾乎沒有	經常
18	美國	有時	經常	經常
19	美國	有時	經常	經常
20	美國	有時	不太常	有時
21	中國	經常	幾乎沒有	幾乎沒有
22	中國	有時	有時	不太常
23	中國	不太常	有時	幾乎沒有
24	中國	不太常	幾乎沒有	有時
25	中國	不太常	不太常	不太常
26	中國	幾乎沒有	不太常	不太常
27	中國	經常	不太常	有時
28	中國	有時	有時	幾乎沒有
29	中國	有時	經常	幾乎沒有
30	中國	有時	幾乎沒有	有時

➢ 想知道的事情是？

從此意見調查想知道的事情是

「日本、美國、中國的學生之間，在『反抗的態度』上是否有差異？」

將問 3 的回答整理成交叉累計表時，即成爲如下。

表 3.4.3　3×4 交叉累計表

	經常	有時	不太常	幾乎沒有
日本	2	2	1	5
美國	5	4	1	0
中國	0	3	3	4

做成此種交叉累計表時，經常利用的統計處理是

獨立性的檢定與同等性的檢定

但是，此數據是像

< 有時 < 不太常 < 幾乎沒有

那樣形成順序數據。

因此，試進行最適合等級數據的

Kruskal-Wallis 檢定 。

➤ **Kruskal-Wallis 檢定可以了解的事情！**

進行 Kruskal-Wallis 檢定時，可以了解什麼呢？

此檢定是差的檢定的一種。

因此，進行 Kruskal-Wallis 檢定時，即可調查

「日本、美國、中國的學生之間的意識差異」。

此意見調查的回答形成順序數據。

如下將數據換成等級，亦即

經常 < 有時 < 不太常 < 幾乎沒有

① ② ③ ④

即可求出檢定統計量。

對於此種順序數據來說，無母數檢定是最合適的。

Wilcoxon 的等級和檢定與 **Kruskal-Wallis 檢定**是無母數檢定的一種。

Wilcoxon 的等級和檢定是 2 個組間之差的檢定，而 Kruskal-Wallis 的檢定，可用於檢定 3 個以上組之間的差異。

 Tea Break

　　Wilcoxon 的等級和檢定是 2 個組間之差的檢定，而 Kruskal-Wallis 的檢定，則是檢定 3 個以上組之間的差異。

【數據輸入的類型】

表 3.4.2 的數據，輸入如下。

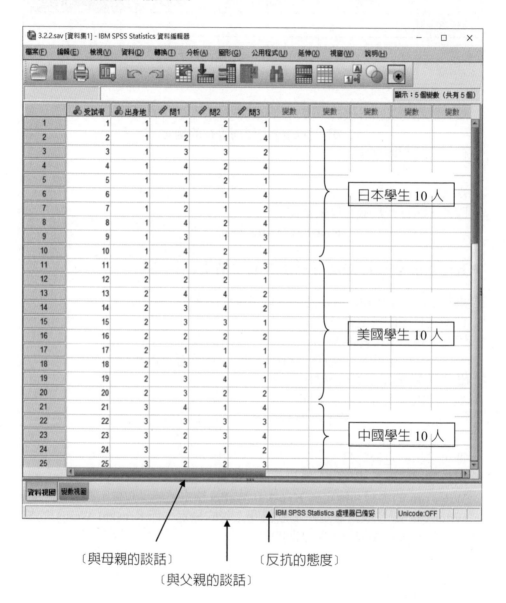

〔與母親的談話〕　　　　　　〔反抗的態度〕

〔與父親的談話〕

3.5 利用SPSS的Kruskal-Wallis 檢定

【統計處理的步驟】

步驟1 數據的輸入結束時，從〔分析 (A)〕中選擇〔無母數檢定 (N)〕，
接著，從〔舊式對話框〕中選擇〔k 個獨立樣本的檢定 (K)〕。

步驟2 變成以下畫面時，將問 3 移到〔檢定變數清單 (T)〕的方框中，
將出身地移到〔分組變數 (G)〕的方框之中。

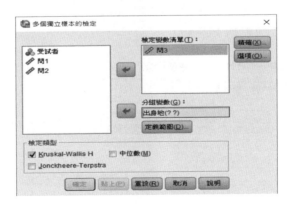

步驟 3 按一下定義範圍 (D) 即變成如下的畫面，將 1 輸入到最小值 (N) 的方框中，將 3 輸入到最大值 (A) 的方框中，再按 繼續 。

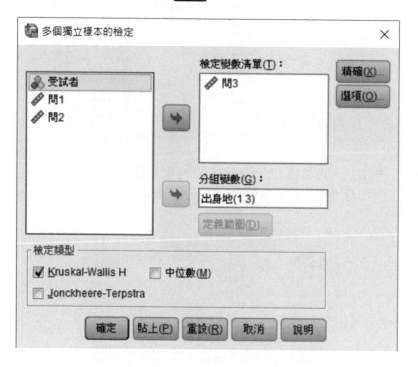

步驟 4 變成以下的畫面時，按 確定 。

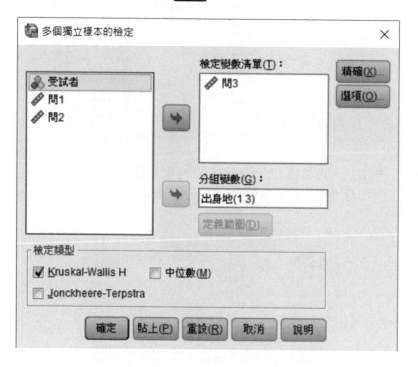

【SPSS 的輸出】

Kruskal-Wallis 檢定

等級

	出身地	N	平均等級
問 3	日本	10	18.10
	美國	10	8.70
	中國	10	19.70
	總計	30	

檢定統計量 [a,b]

	問 3	← ①
Kruskal-Wallis H	9.804	
自由度	2	
漸近顯著性	.007	

a.Kruskal-Wallis 檢定
b. 變數分組：出身地

【輸出結果的判讀方法】

①檢定以下的假設 H_0。

　　假設 H_0：3 個組間沒有差異。

　　觀察輸出結果時，由於

　　漸近顯著機率 0.007 ＜ 顯著水準 0.05

　　因之假設 H_0 可以被捨棄。

　　因此，在日本、美國、中國的學生之間，對雙親的「反抗的態度」似乎有差異。

　　此檢定統計量由於是以自由度 2 的卡方分配爲近似，因之顯著機率與顯著水準之關係，成爲如下。

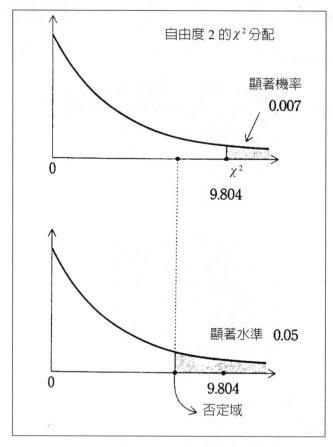

自由度 2 的 χ^2 分配

顯著機率
0.007

χ^2

9.804

顯著水準 0.05

9.804

否定域

圖 3.5.1 χ^2 分配

3.6　進行多重比較

➤ 想知道的事情？

在日本、美國、中國的學生之間，對雙親的「反抗態度」利用意見調查之後，知因國家而有差異。

那麼，在哪一個國家與哪一個國家之間有差異呢？

立刻會想到利用 Wilcoxon 的等級和檢定進行 2 個組之間的檢定。

可以想到以下的組合。

1. 日本學生的一群與美國學生的一群。
2. 日本學生的一群與中國學生的一群。
3. 美國學生的一群與中國學生的一群。

但是，此想法不能說是好的方法。

也就是說，利用重複 3 次 Wilcoxon 的等級和檢定，容易出現差異。無法進行嚴密的檢定。

此種時候，試著進行

「多重比較」。

➤ 多重比較了解的事項！

已知多重比較有各種的方法，但是容易了解的方法是利用

Bonferroni 的修正來進行的多重比較

所謂 Bonferroni 的修正，是利用以下的 Bonferroni 的不等式，即

$$P(A_1 \cup A_2 \cup \cdots\cdots \cup A_n) \leqq P(A_1) + P(A_2) + \cdots\cdots P(A_n)$$

所進行的多重比較。

檢定的次數是 3 次時，即為

$$P(A_1 \cup A_2 \cup A_3) \leqq P(A_1) + P(A_2) + P(A_3)$$

因此，重複 3 次顯著水準 5% 的檢定時，並非是

$$顯著機率 < 顯著水準 = 0.05$$

而是當

$$顯著機率 < 顯著水準 = \frac{0.05}{3} \fallingdotseq 0.0167$$

時，捨棄假設 H_0。

【日本學生群與美國學生群】

檢定統計量[b]

	詢問3
Mann-Whitney U 統計量	21.500
Wilcoxon W 統計量	76.500
Z 檢定	-2.251
漸近顯著性 (雙尾)	.024
精確顯著性 [2*(單尾顯著性)]	.029[a]

a. 未對等值結做修正。

b. 分組變數：出身地

【日本學生群與中國學生群】

檢定統計量[b]

	詢問3
Mann-Whitney U 統計量	47.500
Wilcoxon W 統計量	102.500
Z 檢定	-.201
漸近顯著性 (雙尾)	.841
精確顯著性 [2*(單尾顯著性)]	.853[a]

a. 未對等值結做修正。

b. 分組變數：出身地

【美國學生群與中國學生群】

檢定統計量[b]

	詢問3
Mann-Whitney U 統計量	10.500
Wilcoxon W 統計量	65.500
Z 檢定	-3.100
漸近顯著性 (雙尾)	.002
精確顯著性 [2*(單尾顯著性)]	.002[a]

a. 未對等值結做修正。

b. 分組變數：出身地

利用 Bonferroni 的修正進行多重比較,在顯著機率 < 顯著水準 = 0.05 的組合的地方是有差異的。

將日本、美國、中國的各個組合中的漸近顯著機率加以歸納時,即成為如下的表。

表 3.6.1 在各個組合中的漸近顯著機率

	日本	美國	中國
日本		0.024	0.841
美國			0.002 *
中國			

在顯著機率比 0.0167
小的地方加上 * 記號

因此,對雙親的「反抗態度」,知
美國學生 與 中國學生
之間是有差異的。

3.7 問A與問B之差的檢定

針對中國學生 10 人，進行了如下的意見調查。

表 3.7.1 意見調查問卷

問 1. 您與母親談話嗎？
　　　1. 幾乎沒有　2. 不太常　3. 有時　　4. 經常

【與母親的談話】

問 2. 您與父親談話嗎？
　　　1. 幾乎沒有　2. 不太常　3. 有時　　4. 經常

【與父親的談話】

問 3. 您會反抗雙親嗎？
　　　1. 經常　　　2. 有時　　3. 不太常　4. 幾乎沒有

【反抗的態度】

 Tea Break

	第一樣本	獨立兩樣本 （2 groups）	成對兩樣本 （2 repeats）	獨立多組 （≥ 3 groups）
二元變數		Chi-squared Fisher's exact	McNemar's test	Chi-squared
常態連續變數	One-Sample T test	Independent Sample T test	Paired t-test	One-way ANOVA
非常態連續變數	Wilcoxon signed rank test or signed test	Mann-Whitney U test (Wilcoxon rank-sum test)	Wilcoxon signed rank test or signed test	Kruskal-Wallis test
次序變數	Wilcoxon signed rank rest or signed test	Mann-Whitney U test (Wilcoxon rank-sum test)	Wilcoxon signed rank test or signed test	Kruskal-Wallis test

意見調查的結果，情形如下。

表 3.7.2　意見調查的結果

受試者	出生地	問1	問2	問3
1	中國	經常	幾乎沒有	幾乎沒有
2	中國	有時	有時	不太常
3	中國	不太常	有時	幾乎沒有
4	中國	不太常	幾乎沒有	有時
5	中國	不太常	不太常	不太常
6	中國	幾乎沒有	不太常	不太常
7	中國	經常	不太常	有時
8	中國	有時	有時	幾乎沒有
9	中國	有時	經常	幾乎沒有
10	中國	有時	幾乎沒有	有時
		↑	↑	↑
		與母親的談話	與父親的談話	反抗的態度

➤ **想知道的事項？**

從此意見調查想知道的事情是
1. 問1「與母親的談話」與問3「反抗的態度」之間有差異嗎？
2. 問2「與父親的談話」與問3「反抗的態度」之間有差異嗎？

此時，可試著進行

Wilcoxon 的符號等級檢定。

➤ **在 Wilcoxon 的符號等級檢定中了解的事項！**

進行 Wilcoxon 的符號等級檢定時，可以了解什麼呢？

 Tea Break

符號等級是針對兩組有對應時的檢定。

此檢定可以想成

有對應的樣本組之間的差異檢定。

譬如，問 1 與問 3 是相同的學生回答，所以是

「有對應的數據」。

因此，進行 Wilcoxon 的符號等級檢定時，即可調查

問 1 與問 3 之間有無差異。

【數據輸入的類型】

表 3.7.2 的數據，輸入如下。

➢ **Wilcoxon 的符號等級檢定法**

【統計處理的步驟】

步驟 1　數據的輸入結束時，從分析 (A) 的清單中選擇無母數檢定 (N)。
　　　　接著，從子清單中選擇 2 個相關樣本檢定 (L)。

步驟 2 變成以下畫面時，按一下詢問 1 與詢問 3，向檢定配對 (T) 去移動。

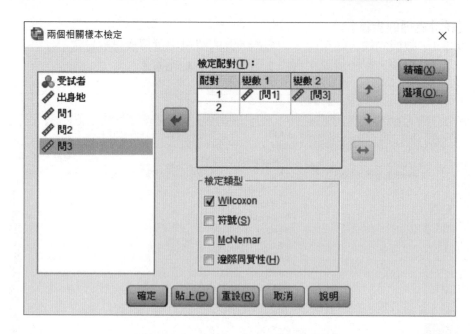

步驟 3 接著，按一下詢問 2 與詢問 3，向檢定配對 (T) 去移動。按 確定 。

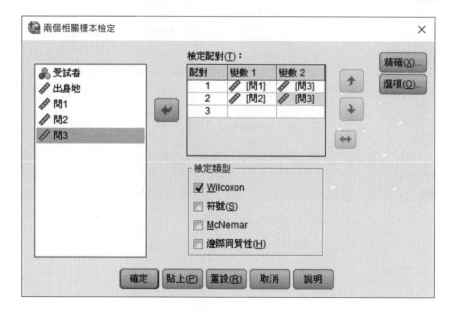

【SPSS 的輸出】

Wilcxon 符號等級檢定

等級

出身地		N	平均等級	等級總和
問 3- 問 1	負等級	2ª	4.25	8.50
	正等級	5ᵇ	3.90	19.50
	連結空間	3ᶜ		
	總計	10		
問 3- 問 2	負等級	0ᵈ	.00	.00
	正等級	7ᵉ	4.00	28.00
	連結空間	3ᶠ		
	總計	10		

a. 問 3 < 問 1
b. 問 3 > 問 1
c. 問 3 = 問 1
d. 問 3 < 問 2
e. 問 3 > 問 2
f. 問 3 = 問 2

檢定統計量 ª

	問 3- 問 1	問 3- 問 2
Z	-.954ᵇ	-2.530ᵇ
漸近顯著性（雙尾）	.340	.011

← ①，②

a.Wilcoxon 符號等級檢定
b. 根據負等級

【輸出結果的判讀法】

①就問 1「與母親的談話」與問 3「反抗的態度」檢定以下的假設。

$$假設 H_0：問 1 與問 3 之間沒有差異。$$

觀察輸出結果時，

$$漸近顯著機率 0.340 > 顯著水準 0.05$$

因之，問 1「與母親的談話」與問 3「反抗的態度」之間似乎不能說有差異。

②就問 2「與父親的談話」與問 3「反抗的態度」之間檢定以下假設。

$$假設 H_0：問 2 與問 3 之間沒有差異。$$

觀察輸出結果時，由於

$$漸近顯著機率 0.011 < 顯著水準 0.05$$

因之，問 2「與父親的談話」與問 3「反抗的態度」之間看得出差異。

③進行多重比較時，

當同時進行 2 個檢定時，有需要進行 Bonferroni 的修正。此情形由於是重複 2 次檢定，所以將顯著水準之值當作

$$顯著水準 = \frac{0.05}{2}$$

時，即可進行多重比較。

第 4 章
順序迴歸分析

本章內容

4.1 前言

在充滿壓力的社會中，下班後偶爾上酒廊喝一杯的心情是可以體會的。1杯變成 2 杯，2 杯變成 3 杯地就多喝了幾杯。

此種時候，難道不會想到

「如果有非常有效的醒酒藥的話」？

因此，向 20 位受驗者進行如下的意見調查。

表 4.1.1　意見調查問卷

問 1. 此醒酒藥非常有效嗎？ 　　1. 非常有效　2. 略微有效　3. 不太有效　　　　　　　　　　【醒酒藥】 問 2. 您喝酒的程度是如何？ 　　1. 幾乎每日　2. 一週數次　3. 一月數次　　　　　　　　　【喝酒的次數】 問 3. 您的工作是？ 　　1. 事務職　　2. 技術職　　3. 管理職　　　　　　　　　　　　【職種】 問 4. 您的年齡是？ 　　（　）歲　　　　　　　　　　　　　　　　　　　　　　　　　　【年齡】

➢ 想知道的事情是？

此意見調查的目的是想從喝酒的次數與工作的種類來調查醒酒藥的效果。

譬如，

「每日喝酒的人即使喝醒酒藥也不太有效果嗎？」

或者，

「身為事務職，每週喝酒數次的人，

喝醒酒藥時有效的程度是多少，想預測或判別」

此種時候，可試著進行

順序迴歸分析。

Tea Break

目的變量是順序數據，所以稱為順序迴歸分析。

➤順序迴歸分析了解的事項！

進行順序迴歸分析時，可以了解什麼呢？

此分析將說明變量與目的變量之關係使用

　　下圖的模式

來表現。觀察模式的係數時，即可了解哪一個說明變量對目的變量有甚大的影響。

將順序迴歸分析的形象圖示時，即為如下。

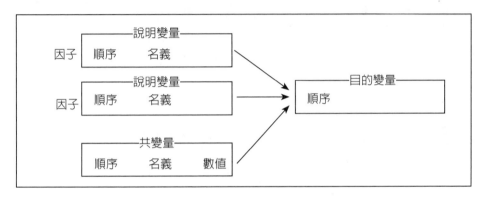

圖 4.1.1　順序迴歸分析

【表 4.1.1 之意見調查的情形】

因此，以意見調查中所列舉的 3 個問題的情形來說，可以調查如下的關係。

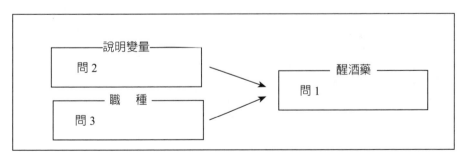

圖 4.1.2　關係圖

順序迴歸分析的模式，依應答變數（＝目的變數）的類別之狀態準備有數個。

1. Logit

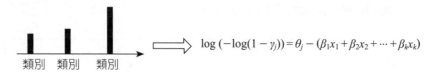

$$\log \frac{\gamma_j}{1-\gamma_j} = \theta_j - (\beta_1 x_1 + \beta_2 x_2 + \cdots + \beta_k x_k)$$

類別 1　類別 2　類別 3

2. Complementary log-log

$$\log\left(-\log(1-\gamma_j)\right) = \theta_j - (\beta_1 x_1 + \beta_2 x_2 + \cdots + \beta_k x_k)$$

類別　類別　類別

3. Negative log-log

$$-\log\left(-\log(\gamma_j)\right) = \theta_j - (\beta_1 x_1 + \beta_2 x_2 + \cdots + \beta_k x_k)$$

類別　類別　類別

4. Probit

$$\Phi^{-1}(\gamma_j) = \theta_j - (\beta_1 x_1 + \beta_2 x_2 + \cdots + \beta_k x_k)$$

類別　類別　類別　類別　類別

5. Cauchit=inverse Cauchy

$$\tan\left(\pi(\gamma_j - 0.5)\right) = \theta_j - (\beta_1 x_1 + \beta_2 x_2 + \cdots + \beta_k x_k)$$

類別　類別　類別　類別　類別

話說，意見調查的結果，情形如下。

表 4.1.2　意見調查的結果

受試者	問 1	問 2	問 3	問 4
1	略微有效	幾乎每日	事務職	24
2	非常有效	一週數次	事務職	51
3	非常有效	一月數次	事務職	22
4	不太有效	幾乎每日	事務職	35
5	略微有效	一週數次	事務職	42
6	非常有效	一月數次	事務職	28
7	略微有效	幾乎每日	事務職	33
8	非常有效	一週數次	事務職	46
9	不太有效	幾乎每日	技術職	25
10	非常有效	一週數次	技術職	32
11	略微有效	一月數次	技術職	54
12	非常有效	一月數次	技術職	48
13	略微有效	一週數次	技術職	34
14	略微有效	幾乎每日	技術職	29
15	略微有效	一週數次	技術職	40
16	不太有效	幾乎每日	管理職	48
17	非常有效	幾乎每日	管理職	54
18	不太有效	幾乎每日	管理職	57
19	非常有效	一週數次	管理職	42
20	非常有效	幾乎每日	管理職	34

↑	↑	↑	↑
醒酒藥	喝酒的次數	職種	年齡

【數據輸入的類型】

表 4.1.2 的數據，輸入如下。

| | 4.1.2.sav [資料集1] - IBM SPSS Statistics 資料編輯器 | | | − □ × |

| 檔案(F) | 編輯(E) | 檢視(V) | 資料(D) | 轉換(T) | 分析(A) | 圖形(G) | 公用程式(U) | 延伸(X) | 視窗(W) | 說明(H) |

顯示：5個變數（共有5個）

	受試者	問1	問2	問3	問4	變數	變數
1	1	2	3	1	24		
2	2	3	2	1	51		
3	3	3	1	1	22		
4	4	1	3	1	35		
5	5	2	2	1	42		
6	6	3	1	1	28		
7	7	2	3	1	33		
8	8	3	2	1	46		
9	9	1	3	2	25		
10	10	3	2	2	32		
11	11	2	1	2	54		
12	12	3	1	2	48		
13	13	2	2	2	34		
14	14	2	3	2	29		
15	15	2	2	2	40		
16	16	1	3	3	48		
17	17	3	3	3	54		
18	18	1	3	3	57		
19	19	3	2	3	42		
20	20	3	3	3	34		
21		↑	↑	↑	↑		
22		醒酒藥	喝酒的次數	職種	年齡		
23							
24							

資料視圖　變數視圖

IBM SPSS Statistics 處理器已備妥　　Unicode:OFF

4.2　利用SPSS的順序迴歸分析

【統計處理的步驟】

步驟1　數據的輸入結束時，從分析 (A) 的清單中選擇迴歸 (R)，接著從子
清單之中選擇序數 (D)。

步驟 2 變成如下畫面時，將問 1 移到應變數 (D) 的方框之中。

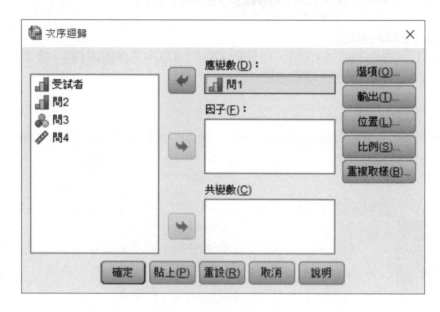

步驟 3 將問 2 與問 3 移到因子 (F) 的方框中，按一下 輸出 (T) 。

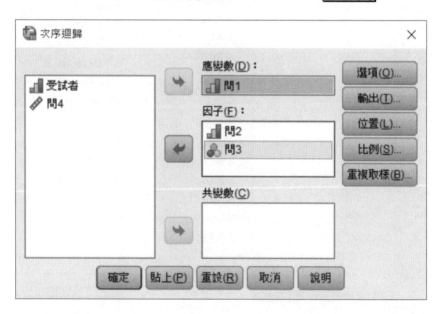

＊問 4 不移動。

步驟 4　變成如下畫面時，按一下顯示的
配適度統計量 (F)、摘要統計量 (S)、參數估計值 (P)。

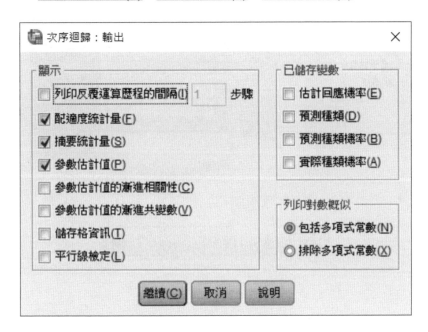

步驟 5　接著按一下已儲存變數的
估計回應機率 (E)、預測種類 (D)
預測種類機率 (B)、實際種類機率 (A)
然後按 繼續 。

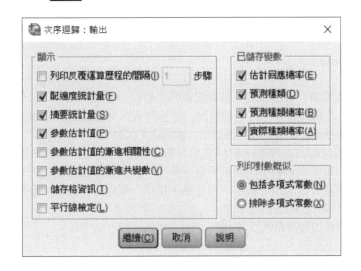

步驟 6 變成以下畫面時，按 確定 。

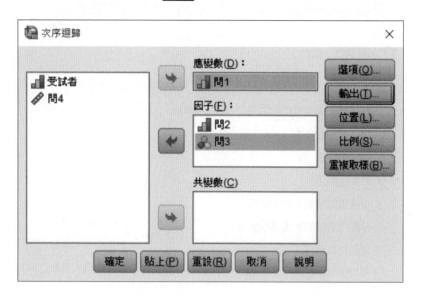

 Tea Break

> 「序數迴歸」可讓您對多分類序數回應值與一組預測值（可以是因素或共變數）的關係建模。「序數迴歸」之設計係以 McCullagh (1980, 1998)方法論為基礎，而且其程序在語法上被稱為 PLUM。
>
> 應變數係假設為序數，而且可以是數字或字串。透過依遞增順序排序應變數的值來判定順序。最低值會定義第一個類別。因素變數係假設為類別。共變數變數必須是數字。請注意，使用一個以上的連續共變數很容易導致建立很大的儲存格機率表。
>
> 序數迴歸也稱為順序回歸。

【SPSS 的輸出 1】

警告

有 10（41.7%）個次數為零的單元（即依觀察到之
解釋變數值組合的應變數層次。） ①

觀察值處理摘要

		N	邊際百分比
問 1	非常有效	9	45.0%
	略微有效	7	35.0%
	不太有效	4	20.0%
問 2	幾乎每日	9	45.0%
	一週數次	7	35.0%
	一月數次	4	20.0%
問 3	事務職	8	40.0%
	技術職	7	35.0%
	管理職	5	25.0%
有效		20	100.0%
遺漏		0	
總計		20	

模型配適資訊

模型	-2 對數概似	卡方檢定	自由度	顯著性
僅限截距	28.998			
最終	19.874	9.124	4	.058

鏈結函數：對數勝算。

配適度

	卡方檢定	自由度	顯著性	
Pearson	7.496	10	.678	
偏差	10.274	10	.417	← ②

鏈結函數：對數勝算。

虛擬 R 平方

Cox 及 Snell	.366	
Nagelkerke	.418	← ③
McFadden	.218	

鏈結函數：對數勝算。

【輸出結果的判讀法·1】

①如考慮所有的組合

問 1 …… 3 種，問 2 …… 3 種，問 3 …… 3 種

全部有 3 ×3 ×3 = 27 種。

此意見調查的情形是針對以下的 24 種進行分析。

非常有效（酒 = 1）

	事務職	技術職	管理職
幾乎每日	0	0	2
一週數次	2	1	1
一月數次	2	1	

略微有效（酒 = 2）

	事務職	技術職	管理職
幾乎每日	2	1	0
一週數次	1	2	0
一月數次	0	1	

不太有效（酒 = 3）

	事務職	技術職	管理職
幾乎每日	1	1	2
一週數次	0	0	0
一月數次	0	0	

沒有數據的方格（＝次數 0 的方格）有 10 個，因之

$$\frac{10}{24} \times 100 = 41.7\%$$

②檢定統計量卡方與顯著機率之關係如下。

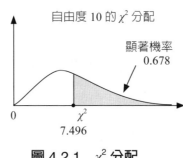

圖 4.2.1　χ^2 分配

③說明：順序迴歸分析的模式配適性的好壞。此值越接近 1，說明模式的配
　　　　適性越好，因之此值與複迴歸分析的決定係數有相同的意義。

【**SPSS 的輸出・2**】

④　　　　　　　**模型配適資訊**

		估計	標準錯誤	Wald	自由度	顯著性	95% 信賴區間 下界	95% 信賴區間 上界
臨界值	[問 1=1]	2.724	1.738	2.455	1	.117	-.684	6.131
	[問 1=2]	5.021	2.019	6.186	1	.013	1.064	8.977
位置	[問 2=1]	3.673	1.632	5.064	1	.024	.474	6.872
	[問 2=2]	.954	1.456	.429	1	.512	-1.899	3.807
	[問 2=3]	0[a]	-	-	0	-	-	-
	[問 3=1]	.844	1.282	.434	1	.510	-1.668	3.356
	[問 3=2]	2.072	1.413	2.151	1	.142	-.697	4.841
	[問 3=3]	0[a]	-	-	0	-	-	-

鏈結函數：對數勝算。

a. 此參數為零，因為它是冗餘的。

【輸出結果的判讀法・2】

④關於 Link 函數是 Logit，如觀察 B 的地方時，模式即成為如下。

【問 1 = 1】

$$\log \frac{r_1}{1-r_1} = 2.724 - (3.673 \cdot x_1 + 0.844 \cdot x_2)$$

$$\log \frac{r_1}{1-r_1} = 2.724 - (3.673 \cdot x_1 + 2.072 \cdot x_2)$$

$$\log \frac{r_1}{1-r_1} = 2.724 - (3.673 \cdot x_1 + 0.000 \cdot x_2)$$

$$\log \frac{r_1}{1-r_1} = 2.724 - (0.954 \cdot x_1 + 0.844 \cdot x_2)$$

$$\log \frac{r_1}{1-r_1} = 2.724 - (0.954 \cdot x_1 + 2.072 \cdot x_2)$$

$$\log \frac{r_1}{1-r_1} = 2.724 - (0.954 \cdot x_1 + 0.000 \cdot x_2)$$

$$\log \frac{r_1}{1-r_1} = 2.724 - (0.000 \cdot x_1 + 0.844 \cdot x_2)$$

$$\log \frac{r_1}{1-r_1} = 2.724 - (0.000 \cdot x_1 + 2.072 \cdot x_2)$$

【問 1 = 2】

$$\log \frac{r_2}{1-r_2} = 5.021 - (3.673 \cdot x_1 + 0.844 \cdot x_2)$$

$$\log \frac{r_2}{1-r_2} = 5.021 - (3.673 \cdot x_1 + 2.072 \cdot x_2)$$

$$\log \frac{r_2}{1-r_2} = 5.021 - (3.673 \cdot x_1 + 0.000 \cdot x_2)$$

$$\log \frac{r_2}{1-r_2} = 5.021 - (0.954 \cdot x_1 + 0.844 \cdot x_2)$$

$$\log \frac{r_2}{1-r_2} = 5.021 - (0.954 \cdot x_1 + 2.072 \cdot x_2)$$

$$\log \frac{r_2}{1-r_2} = 5.021 - (0.954 \cdot x_1 + 0.000 \cdot x_2)$$

$$\log \frac{r_2}{1-r_2} = 5.021 - (0.000 \cdot x_1 + 0.844 \cdot x_2)$$

$$\log \frac{r_2}{1-r_2} = 5.021 - (0.000 \cdot x_1 + 2.072 \cdot x_2)$$

【SPSS 輸出・3】

參數估計值

		估計	標準錯誤	Wald	自由度	顯著性	95% 信賴區間 下界	95% 信賴區間 上界	
臨界值	[問 1=1]	2.724	1.738	2.455	1	.117	-.684	6.131	
	[問 1=2]	5.021	2.019	6.186	1	.013	1.064	8.977	
位置	[問 2=1]	3.673	1.632	5.064	1	.024	.474	6.872	
	[問 2=2]	.954	1.456	.429	1	.512	-1.899	3.807	← ⑤
	[問 2=3]	0ᵃ	-	-	0	-	-	-	
	[問 3=1]	.844	1.282	.434	1	.510	-1.668	3.356	
	[問 3=2]	2.072	1.413	2.151	1	.142	-.697	4.841	
	[問 3=3]	0ᵃ	-	-	0	-	-	-	

鏈結函數：對數勝算。
a. 此參數為零，因為它是冗餘的。

┌─⑤的擴大圖─────────────────────────────────┐
	估計	標準誤差	Wald	自由度	顯著性	95% 信賴區間 下界	95% 信賴區間 上界
【問 2=1】	3.673	1.632	5.064	1	0.024	0.474	6.872

【輸出結果的判讀法・3】

⑤此處是檢定以下的假設。

假設 H_0：B（母集合的【問 2 = 1】中 x_1 的係數）= 0

此檢定統計量是 Wald。

檢定統計量 Wald 5.064 與顯著機率 0.024 的關係，情形如下。

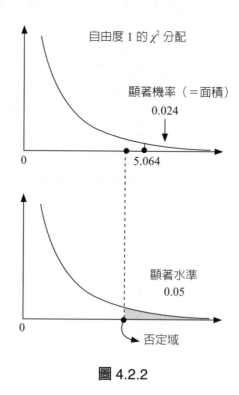

圖 4.2.2

由此圖知，檢定統計量 5.064 位於否定域中。

因此，假設 H_0 被捨棄，所以 B ≠ 0，換言之，對每日飲酒的人【問 2 = 1】來說，知此醒酒藥似乎是有效的。

【SPSS 輸出・4】

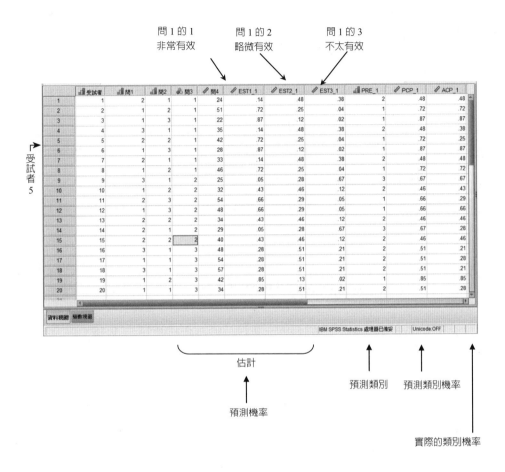

問 1 的 1
非常有效

問 1 的 2
略微有效

問 1 的 3
不太有效

受試者 5

估計

預測機率

預測類別　預測類別機率

實際的類別機率

Tea Break

換言之，「預測類別是 1 的人 = 醒酒藥非常有效的人」
est 是指 estimator（估計量）！

【輸出結果的判讀法・4】

⑥利用〔輸出結果的判讀法・2〕的模式，預測機率 est1-1，est2-1，est3-1
如下求出。

$$\log \frac{r_1}{1 - r_1} = 2.724 - (3.673 + 0.844) = -1.793$$

$$\frac{r_1}{1 - r_1} = \text{Exp}(-1.793)$$

$$r_1 = \frac{Exp(-1.793)}{1 + Exp(-1.793)} = 0.142705$$

⇨ **est1-1** = r_1 = 0.142705 ≒ **0.14**

$$\log \frac{r_2}{1 - r_2} = \mathbf{5.021} - (\mathbf{3.673 + 0.844}) = 0.504$$

$$\frac{r_2}{1 - r_2} = \text{Exp}(0.504)$$

$$r_2 = \frac{Exp(0.504)}{1 + Exp(0.504)} = 0.623399$$

⇨ **est2-1** = $r_2 - r_1$ = 0.623399 − 0.142705 = 0.480694 ≒ **0.48**
⇨ **est3-1** = 1 −est1-1 −est2-1 = 1-0.142705-0.480694 ≒ **0.38**

⑦ 3 個預測機率 est1-1，est2-1，est3-1 之中機率最高的類別即為預測類。
譬如，以受驗者 5 此人來說，最高的機率是 est1-1 的 0.72，所以受試者 5
此人被判定為 pre-1 = 1。
如觀察預測類時，此醒酒藥有效的是
　　　　事務職，一週喝酒數次者；事務職，一月喝酒數次者，
　　　　技術職，一月喝酒數次者；管理者，一週喝酒數次者。

➤ 複迴歸分析、類別迴歸分析、順序迴歸分析之不同？

複迴歸分析的模式圖為：

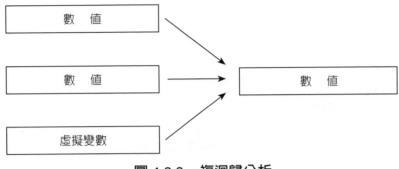

圖 4.2.3　複迴歸分析

類別迴歸分析的模式圖為：

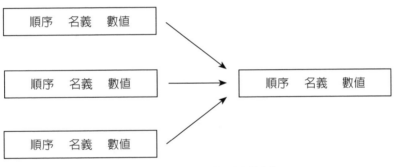

圖 4.2.4　類別迴歸分析

順序迴歸分析的模式圖爲：

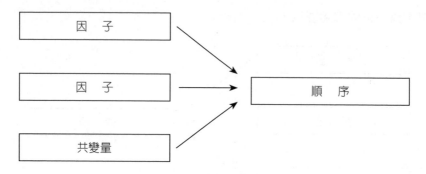

圖 4.2.5　順序迴歸分析

 **Tea Break**

發現複迴歸分析、類別迴歸分析、順序迴歸分析之不同處了嗎？

第 5 章
類別迴歸分析

本章內容

5.1 調查要因的大小

以下的數據是針對 30 位受試者，就
「就業壓力的程度、性別、一週工作時數、職場的人際關係、
　社會支援、壓力應對」
所調查的結果。

表 5.1.1　就業壓力的要因

NO.	就業壓力	性別	一週工作時數	職場的人際關係	社會支援	壓力應對
1	3	1	2	7	4	1
2	1	2	1	5	3	2
3	4	2	3	4	1	3
4	2	2	2	6	3	2
5	3	1	1	2	2	1
6	4	2	3	4	1	3
…	…	…	…	…	…	…
29	1	1	1	4	3	2
30	4	1	1	1	2	2

◆ **就業壓力**
　1. 完全不覺得　2. 不太覺得　3. 略微覺得　4. 頗有覺得
◆ **性別**
　1. 女性　2. 男性
◆ **一週工作時數**
　1. 40 小時未滿　2. 40 小時以上 50 小時未滿　3. 50 小時以上
◆ **職場的人際關係**
　1. 非常差　2. 差　3. 不太好　4. 不太好不太壞
　5. 還算好　6. 好　7. 非常好
◆ **社會支援**
　1. 沒有可以商談的人　2. 不太有可以商談的人
　3. 略有可以商談的人　4. 有可以商談的人
◆ **壓力應對**
　1. 認為人都會失敗　2. 聽其自然
　3. 努力使之順利進行

➢ 想知道的事情是？

1. 想知道性別、就業時間、人際關係、社會支援、壓力應對，對就業壓力的影響大小。
2. 從自變數的狀況，想求就業壓力的預測值。
   此時，可以考慮如下的統計處理。
1. 統計處理 1：自變數或依變數是類別資料，因之進行類別迴歸分析。
2. 統計處理2：觀察各自變數的顯著水準，調查對就業壓力造成影響的要因。

➢ 撰寫論文時

　　類別迴歸分析與複迴歸分析不同的地方是在於所處理的資料是否為類別而已。因此，撰寫論文時的表現，幾乎與複迴歸分析的時候相同。

　　「……進行類別迴歸分析之後，顯著機率在 0.05 以下的自變數是：一週工作時數（0.002），職場的人際關係（0.038），社會支援（0.000）。
　　由此事，可以認為對就業壓力特別有影響的要因是，一週工作時數、職場的人際關係、社會支援的狀況。
　　因此，……」

【數據輸入類型】

表 5.1.1 的資料如下輸入。

	壓力	性別	工作時數	人際關係	社會支援	壓力應對	var
1	3	1	2	7	4	1	
2	1	2	1	5	3	2	
3	4	2	3	4	1	3	
4	2	2	2	6	3	2	
5	3	1	1	2	2	1	
6	4	2	3	4	1	3	
7	1	1	1	5	3	2	
8	2	1	2	5	4	3	
9	2	1	3	7	4	2	
10	2	2	1	3	1	2	
11	1	1	2	5	3	2	
12	2	1	1	4	4	1	
13	2	1	2	4	2	3	
14	1	2	1	3	2	1	
15	4	1	2	1	1	3	
16	4	2	3	6	1	2	
17	2	1	1	5	4	3	
18	3	1	2	3	4	3	
19	1	1	1	4	3	3	
20	4	2	2	2	1	2	
21	3	1	3	1	3	3	
22	2	2	1	5	3	1	
23	1	1	2	5	3	1	
24	4	2	2	2	1	3	
25	2	2	2	6	3	3	
26	4	2	3	3	2	3	
27	2	1	1	4	4	2	
28	3	2	3	7	3	3	
29	1	1	1	4	3	2	
30	4	1	1	1	2	2	

	壓力	性別	工作時數	人際關係	社會支援	壓力應對	var
1	略微覺得	女性	40小時以上	非常好	有可以商談	認為人都會	
2	完全不覺得	男性	40小時未滿	還算好	略有可以商	聽其自然	
3	頗有覺得	男性	50小時以上	不太好不太	沒有可以商	努力使之順	
4	不太覺得	男性	40小時以上	好	略有可以商	聽其自然	
5	略微覺得	女性	40小時未滿	差	不太有可以	認為人都會	
6	頗有覺得	男性	50小時以上	不太好不太	沒有可以商	努力使之順	
7	完全不覺得	女性	40小時未滿	還算好	略有可以商	聽其自然	
8	不太覺得	女性	40小時以上	還算好	有可以商談	努力使之順	
9	不太覺得	女性	50小時以上	非常好	有可以商談	聽其自然	
10	不太覺得	男性	40小時未滿	不太好	沒有可以商	聽其自然	
11	完全不覺得	女性	40小時以上	還算好	略有可以商	聽其自然	
12	不太覺得	女性	40小時未滿	不太好不太	有可以商談	認為人都會	
13	不太覺得	女性	40小時以上	不太好不太	不太有可以	努力使之順	
14	完全不覺得	男性	40小時未滿	不太好	不太有可以	認為人都會	
15	頗有覺得	女性	40小時以上	非常差	沒有可以商	努力使之順	
16	頗有覺得	男性	50小時以上	好	沒有可以商	聽其自然	
17	不太覺得	女性	40小時未滿	還算好	有可以商談	努力使之順	
18	略微覺得	女性	40小時以上	不太好	有可以商談	努力使之順	
19	完全不覺得	女性	40小時未滿	非常差	略有可以商	努力使之順	
20	頗有覺得	男性	40小時以上	差	沒有可以商	聽其自然	
21	略微覺得	女性	50小時以上	非常差	有可以商談	努力使之順	
22	不太覺得	女性	40小時未滿	還算好	不太有可以	認為人都會	
23	完全不覺得	女性	40小時以上	還算好	略有可以商	認為人都會	
24	頗有覺得	男性	40小時以上	差	沒有可以商	努力使之順	
25	不太覺得	男性	40小時以上	好	略有可以商	努力使之順	
26	頗有覺得	男性	50小時以上	不太好	不太有可以	努力使之順	
27	不太覺得	女性	40小時未滿	不太好不太	有可以商談	聽其自然	
28	略微覺得	男性	50小時以上	非常好	略有可以商	努力使之順	
29	完全不覺得	女性	40小時未滿	不太好不太	略有可以商	聽其自然	
30	頗有覺得	女性	40小時未滿	非常差	不太有可以	聽其自然	

5.2 利用SPSS的類別迴歸分析

步驟1 表 5.1.1 的資料輸入時，如下選擇。

步驟2 變成類別迴歸的畫面時，將壓力移到因變數 (D)，出現壓力（曲線序數 2 2），接著，按一下定義尺度 (E)。

步驟 3 變成定義尺度的畫面時，選擇序數 (O) 後，按一下 繼續 。

步驟 4 確認因變數 (D) 的方框中變成壓力（序數）時，將性別移到自變數
(I) 的方框中，按一下定義尺度 (F)。

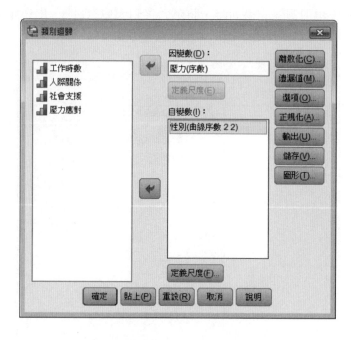

步驟 5 變成定義尺度的畫面時，選擇名義 (N) 按一下 繼續 。

步驟 6 自變數 (I) 的方框中變成性別（名義）。

步驟 7 　將工作時數、人際關係、社會支援移到自變數 (I) 的方框中，將各個（曲線次序量數２２）變換成（序數）。

步驟 8 　將壓力應對移到自變數 (I) 的方框中，再換成壓力應對（名義的）。按著，按一下選項 (O)。

步驟 9 因性別與應對是名義變數，因之，起始構形中選擇數值 (U)。然後
按 繼續。

回到步驟 8 的畫面時，按一下輸出 (T)。

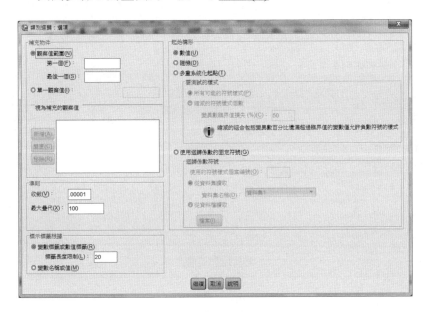

步驟 10 變成輸出的畫面時，將分析變數 (A) 的方框之中的所有變數移到類
別量化 (T) 的方框中，按 繼續。

步驟 11 回到步驟 8 的畫面時，按一下 儲存 (V)，再如下勾選 儲存預測值至
作用中資料集 (P) 後，然後按 繼續 。

步驟 12 回到以下畫面時，按 確定 。

【SPSS 輸出 · 1】—類別迴歸分析

模型摘要

複相關係數 R	R 平方	調整後 R 平方	明顯預測錯誤
.876	.768	.626	.231

 ①

應變數：壓力
預測值：性別、工作時數、人際關係、社會支援、壓力應對

變異數分析

	平方和	df	平均值平方	F	顯著性
迴歸	23.033	11	2.097	5.409	.009
殘差	6.967	18	.387		
總計	30.000	29			

← ②

應變數：壓力
預測值：性別、工作時數、人際關係、社會支援、壓力應對

【輸出結果的判讀 · 1】—類別迴歸分析

① R 平方

　R 平方是判定係數。

　R 平方是 0.768 接近 1，因之可以認為類別迴歸式的適配佳。

② 變異數分析表

　　假設 H_0：所求出的類別迴歸式對預測無幫助。

　　顯著機率 0.001 ＜ 顯著水準 0.05

　　假設 H_0 被否定。

　　因此，可以認為所求出的類別迴歸式對預測有幫助。

【SPSS 輸出 ·2】—類別迴歸分析

係數

	標準化係數				
	Beta	重複取樣（1000）估計標準錯誤	df	F	顯著性
性別	.020	.154	1	.017	.897
工作時數	.378	.292	2	1.668	.216
人際關係	-.245	.322	4	.581	.680
社會支援	-.604	.365	2	2.735	.092
壓力應對	.088	.145	2	.368	.697

← ③

應變數：壓力

相關性及容差

	相關性				允差	
	零階	部分	部分	重要性	轉換之後	轉換之前
性別	-.362	.032	.016	-.010	.593	.485
工作時數	.498	.581	.344	.245	.831	.615
人際關係	-.424	-.392	-.206	.135	.703	.529
社會支援	-.763	-.678	-.444	.601	.540	.417
壓力應對	.249	.171	.084	.029	.903	.666

應變數：壓力

【輸出結果的判讀 ·2】—類別迴歸分析

③顯著機率在 0.05 以下的自變數，可以認為對因變數有影響。

　　因此，認為對就業壓力有影響的要因是

> 一週工作時數
> 職場的人際關係
> 社會支援

　　一週工作時數的係數是 0.378，因之一週工作時數變多時，就業壓力似乎也會增加。

　　職場的人際關係的係數是 −0.245，因之人際關係越好，就業壓力似乎就會減少。

　　社會支援的係數是 −0.604，因之越有可以商談的人，就業壓力似乎就會
減少。

【**SPSS 輸出 ・3**】─類別迴歸分析

壓力 [a]

類別	次數	量化
完全不覺得	7	-.917
不太覺得	10	-.574
略微覺得	5	-.143
頗有覺得	8	1.609

a. 最適尺度層級：序數。

人際關係 [a]

類別	次數	量化
非常差	4	-.1.846
差	3	-.1.753
不太好	4	.449
不太好不太壞	6	.449
題算好	7	.603
好	3	.603
非常好	3	.707

a. 最適尺度層級：序數。

← ④

性別 [a]

類別	次數	量化
女性	17	.874
男性	13	-1.144

a. 最適尺度層級：名義。

社會支援 [a]

類別	次數	量化
沒有可以商談的人	7	-1.545
不太有可以商談的人	6	-.535
略有可以商談的人	9	.825
有可以商談的人	8	.825

a. 最適尺度層級：序數。

工作時數 [a]

類別	次數	量化
40 小時未滿	12	-1.031
40 小時以上 50 小時未滿	11	.132
50 小時以上	7	1.561

a. 最適尺度層級：序數。

壓力應對 [a]

類別	次數	量化
認為人都會失敗	6	-1.988
聽其自然	11	.630
努力使之順利進行	13	.384

a. 最適尺度層級：名義。

【輸出結果的判讀 ·3】—類別迴歸分析

④各個類別的數量化。

　使用此最適尺度，進行類別迴歸分析。

■就業壓力時

	順序			最適尺度
完全不覺得	=	1	⟶	−0.917
不太覺得	=	2	⟶	−0.574
略微覺得	=	3	⟶	−0.143
頗有覺得	=	4	⟶	1.609

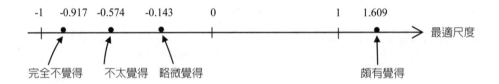

■性別時

	名義		最適尺度
女性	=	1	⟶	0.874
男性	=	2	⟶	−1.144

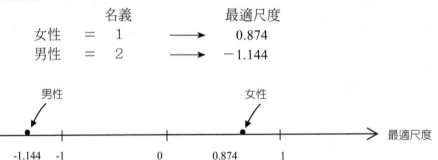

【SPSS 輸出 ·4】一類別迴歸分析

【輸出結果的判讀 ·4】一類別迴歸分析

⑤是預測值。

就業壓力＝ 0.020× 性別 ＋ 0.378× 一週工作時數

　　　　　－0.245× 職場的人際關係 －0.604× 社會支援

　　　　　＋0.088× 壓力應對

■No.1 的受試者時

性別　　　　　 = 1 ⟶ 0.874
一週工作時數 = 2 ⟶ 0.132
職場人際關係 = 7 ⟶ 0.707
社會支援　　 = 4 ⟶ 0.825
壓力應對　　 = 1 ⟶ −1.988

就業壓力 = 0.020 × 0.874 + 0.378 × 0.132
　　　　　−0.245 × 0.707 − 0.604 × 0.825
　　　　　＋0.088 × (−1.988)
　　　　　= −0.78

Note

第 6 章
類別主成分分析

6.1 前言
6.2 利用 SPSS 的類別主成分分析

本章內容

6.1 前言

　　網際網路對社會的影響是不可估計的。雖然網際網路帶來資訊化有此優點，相反的，與他人的接觸也開始出現稀薄化、疏離化的現象。

　　在網際網路時代生存的年輕人，與社會或友人是如何接觸的呢？

　　因此，對 12 位受試者進行了如下的意見調查。

表 6.1.1　意見調查問卷

問 1. 您與地域的接觸的程度是
　　　1. 幾乎沒有　2. 略有　3. 還算有　4. 很常有
　　　　　　　　　　　　　　　　　　　　　　　　　　　【與地域的接觸】

問 2. 您對所屬的團體的貢獻度是
　　　1. 低　2. 略高　3. 高
　　　　　　　　　　　　　　　　　　　　　　　　　　　【對團體的貢獻度】

問 3. 您是屬於容易與友人打成一片的人嗎？
　　　1. 是　2. 不是
　　　　　　　　　　　　　　　　　　　　　　　　　　　　　　　【親密】

問 4. 您與友人談話時，主要是選擇以下的哪種方法呢？
　　　1. 寄郵件　2. 直接會面　3. 打電話
　　　　　　　　　　　　　　　　　　　　　　　　　　　　　　　【談話】

➤ 想知道的事情是？

　　從此意見調查想了解的事情是：

1. 與地域的接觸程度很常有的人，對所屬團體的貢獻度也高嗎？
2. 與友人立刻打成一片的人，談話時，是採用哪種方法呢？
3. 顯示相似反應的受試者，是誰與誰呢？

　　意見調查的結果，得出如下。

表 6.1.2　意見調查的結果

受試者	詢問 1	詢問 2	詢問 3	詢問 4
1	幾乎沒有	低	不是	直接會面
2	略有	略高	不是	直接會面
3	幾乎沒有	低	不是	寄郵件
4	很常有	高	是	打電話
5	還算有	略高	是	打電話
6	還算有	低	不是	直接會面
7	略有	高	是	直接會面
8	略有	低	是	寄郵件
9	幾乎沒有	略高	不是	寄郵件
10	還算有	高	不是	直接會面
11	很常有	高	是	直接會面
12	還算有	高	是	直接會面
	↑	↑	↑	↑
	〔與地域的接觸〕	〔對團體的貢獻度〕	〔親密〕	〔談話〕

➢ 類別主成分分析了解的事項！

在類別主成分分析中最重要的事項是關於以下的類別的數量化與成分負荷
（量）。

表 6.1.3　類別的數量化

詢問 1 的類別	順序
幾乎沒有	1
略有	2
還算有	3
很常有	4

數量化
−1.464
0.155
0.160
1.643

表 6.1.4　成分負荷（量）

	次元 1	次元 2
詢問 1	0.895	−0.078
詢問 2	0.863	0.246
訊問 3	0.790	−0.491
詢問 4	0.261	0.931

1. 利用此數量化與成分負荷可以圖示
各個詢問中的類別與類別的關係。
2. 計算各受試者的物件分數（object score），可以調查
顯示相似反應的受試者是誰與誰。

試著圖示類別主成分分析的輪廓時，即為如下。

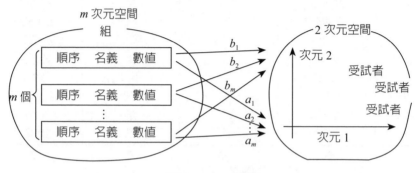

圖 6.1.1　輪廓

由於是將 m 次元空間上的數據在 2 次元空間上重現，因之降低空間的次元是類別主成分分析的重要之處。

【表 6.1.2 的意見調查之情形】

將意見調查中所列舉的 4 個詢問，整理在 2 次元空間中。

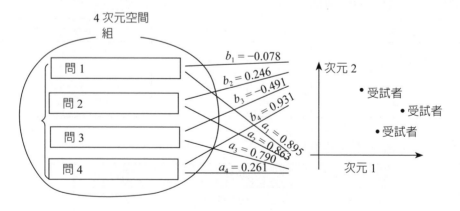

圖 6.1.2　類別分析

【數據輸入的類型】

表 6.1.2 的數據，輸入如下。

〔與地域的接觸〕

〔對團體的貢獻度〕

〔親密〕

〔談話〕

6.2 利用SPSS的類別主成分分析

【統計處理的步驟】

步驟 1 數據的輸入結束之後，從分析 (A) 的清單之中選擇維度縮減 (D)。
接著，從子清單中選擇最適尺度 (O)。

 Tea Break

　　最適尺度的背景構想為指定數值量化給每個變數的種類，因而讓標準程
序得以用在量化變數中求解。指定最適尺度值給每一變數的類別是依照所
使用的程序的最適條件來進行。有別於分析中的名義變數或序數變數的原
始標籤，這些尺度值都有矩陣的性質。

步驟 2　變成以下的畫面時，選擇
　　　　　最佳調整層次 的 部分變數不是多重名義變數 (S)
　　　　　變數集數 的 一組 (O)
　　　　　時，就變成類別主成分分析。然後，按一下 定義 。

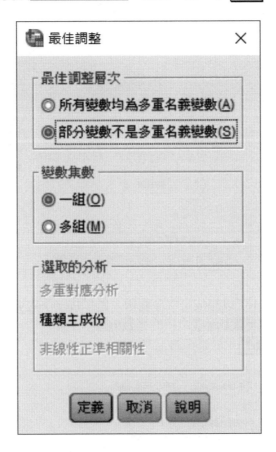

步驟 3　變成以下的畫面時，將問 1 移到右邊的分析變數 (A) 的方框之中。

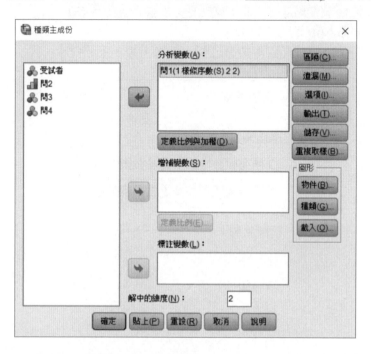

步驟 4　因為詢問 1 可以想成是次序變數，所以按一下定義比例與加權 (D)，
　　　　再選擇最佳調整層次之中的序數 (O)。
　　　　然後按 繼續 。於是，畫面是

步驟 5　應該是回到步驟 3 的畫面。如果確認了 分析變數 (A) 的地方變成了如下時，將問 2 移到 分析變數 (A) 的方框中。

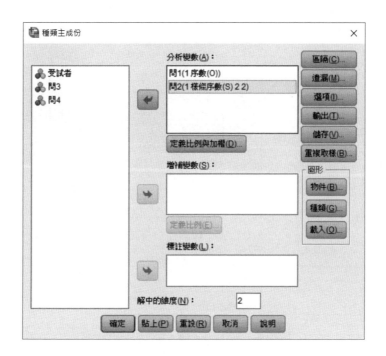

步驟 6　按一下 定義比例與加權 (D)，再選擇 最佳尺度水準 之中的 序數 (O)，然後按 繼續 。

步驟7 於是，畫面變成如下。
接著，將問 3 移到分析變數 (A)。

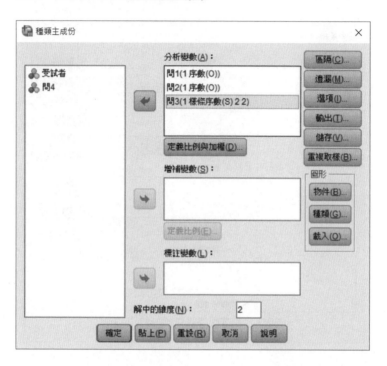

步驟8 此問 3 可以想成是名義變數，因之按一下定義比例與加權 (D)，再
選擇最佳調整層次的名義的 (N)，然後按 繼續。

步驟 9 問 4 也當作名義變數來定義。如變成以下時，將受試者移到標註變數 (L)，按一下 輸出 (T)。

步驟 10 變成以下的畫面時，按一下表格的

物件評分 (O)　　　　　　　成分載入 (M)
原始變數的相關性 (R)　　　變異所占比例 (A)

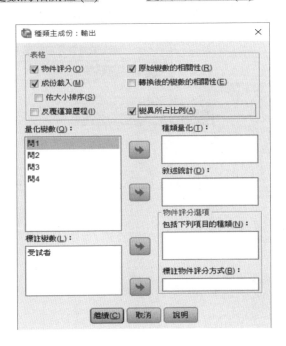

步驟 11 並且,將量化變數 (Q) 之中從問 1 到問 4 移到種類量化 (T) 與物件
評分選項的方框中。將標註變數 (L) 中的受試者移到標註物件評分
方式 (B) 中。然後按 繼續。

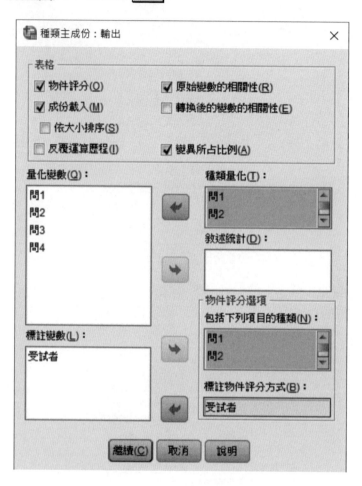

步驟 12 回到步驟 9 的畫面時，按一下圖形之中的物件 (B) 如以下選擇後，
　　　　按 繼續 。

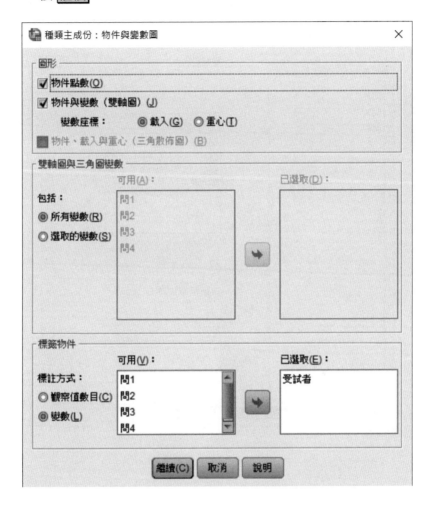

步驟 13 再回到步驟 9 的畫面時，按一下圖形之中的 種類 (G)。如變成以下畫面時，將問 1 到問 4 移到聯合種類圖 (J) 的方框之中。按 繼續 。

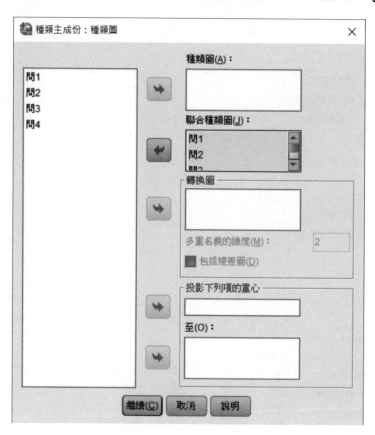

步驟 14 再度回到步驟 9 的畫面，按一下 儲存 (V) 時，即變成以下的畫面。
想將個體分數儲存在數據檔案中時，選擇儲存至作用中資料集，然
後按 繼續 。如再度回到步驟 9 的畫面時，按 確定 。

【SPSS 輸出・1】

CATPCA—類別數據的主成分分析

模型摘要

維度	Cronbach's Alpha	變異數歸因於	
		總計（固有值）	變異數的 %
1	.738	2.237	55.931
2	.197	1.175	29.365
總計	.943[a]	3.412	85.296

a. 總 Cronbach's Alpha 基於總固有值。

←①

【輸出結果的判讀法・1】

①是維度 1 的特徵值 2.237，與其變異數的百分比 55.931。

SPSS 中將特徵值一事稱為變異數。

因此，所謂變異數的百分比即為特徵值的百分比。

換言之…

原先變數有 4 個

$$\{問 1，問 2，問 3，問 4\}$$

因之，特徵值的合計即為

$$1 + 1 + 1 + 1 = 4$$

換言之，特徵值的合計經常是一定的。

接著，此特徵值的合計 4 之中，次元 1 的特徵值是 2.237，所以

$$\frac{次元\ 1\ 的特徵值}{特徵值的合計值} \times 100\%$$

$$= \frac{2.237}{4} \times 100\%$$

$$= 55.931\ \%$$

此事是指

被說明的變異數的百分比是 55.931%。

【SPSS 輸出・2】

成分負荷量

維度

	1	2
問 1	.895	-.078
問 2	.863	.246
問 3	.790	-.494
問 4	.261	.931

② ←

a. 變數主成分正規化。

物件標記依據

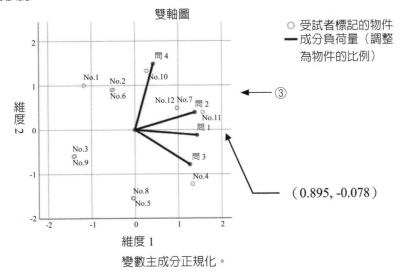

變數主成分正規化。

【輸出結果的判讀法·2】

②將次元 1 的值當作係數，第 1 主成分即成為

$$0.895 \times \boxed{問 1} + 0.863 \times \boxed{問 2} + 0.790 \times \boxed{問 3} + 0.261 \times \boxed{問 4}$$

問 1 與 問 2 之係數其絕對值較大 因之 第 1 主成分似乎是表示
【社會關係的強度】
此成分負荷（量）的平方和 是 次元 1 的特徵值。

$$(0.895)^2 + (0.863)^2 + (0.790)^2 + (0.261)^2 = 2.237$$

第 2 主成分是

$$-0.078 \times \boxed{問 1} + 0.246 \times \boxed{問 2} - 0.491 \times \boxed{問 3} + 0.931 \times \boxed{問 4}$$

問 3 與問 4 的係數其絕對值較大因之第 2 主成分似乎是表示
【個人關係的強度】
③橫軸取成第 1 主成分，縱軸取成第 2 主成分，將問 1 到問 4 表現在平面上。一面觀察此圖，一面解讀這些詢問與詢問的關係。

譬如：
＊詢問 4 遠離其他詢問。
＊次元 1 是以詢問 1、詢問 2、詢問 3 為中心，但次元 2 似乎是以詢問 4 為中心。

Tea Break

> SPSS 將 component loading 寫成元件載入，但一般書中則表示成成分負荷量。

【SPSS 輸出・3】

問 1[a]

種類	次數分配表	量化	重心座標維度		向量座標維度	
			1	2	1	2
幾乎沒有	3	-1.464	-1.325	-.062	-1.310	.114
略有	3	.155	.136	-.049	.139	-.012
還算有	4	.160	.169	.291	.143	-.012
很常有	2	1.643	1.445	-.417	1.470	-.128

變數主成分正規化。
a. 最適尺度層級：序數。

問 2[a]

種類	次數分配表	量化	重心座標維度		向量座標維度	
			1	2	1	2
低	4	-.867	-.791	-.061	-.748	-.213
略高	3	-.816	-.645	-.409	-.704	-.201
高	5	1.183	1.020	.294	1.021	-.291

← ④

變數主成分正規化。
a. 最適尺度層級：序數。

問 3[a]

種類	次數分配表	量化	重心座標維度		向量座標維度	
			1	2	1	2
是	6	-1.000	-.790	.491	-.790	.491
不是	6	1.000	.790	-.491	.790	-.491

變數主成分正規化。
a. 最適尺度層級：名義。

問 4[a]

種類	次數分配表	量化	重心座標維度		向量座標維度	
			1	2	1	2
寄郵件	3	-1.173	-.953	-.911	-.307	-1.092
直接會面	7	-.845	.224	.786	.221	.787
打電話	2	-1.199	.644	-1.385	-.313	-1.116

變數主成分正規化。
a. 最適尺度層級：名義。

【輸出結果的判讀法・3】

④ 將各個類別數量化。

被數量化後之值如下被標準化為平均 0，變異數 1。

$$3 \times (-1.464) + 3 \times (0.155) + 4 \times (0.160) + 2 \times (1.643) = 0$$

$$\frac{3 \times (-1.464 - 0)^2 + 3 \times (0.155 - 0)^2 + 4 \times (0.160 - 0)^2 + 2 \times (1.643 - 0)^2}{12}$$

$$= 1$$

但是，在成分負荷（量）、數量化、向量座標之間有如下之關係，即

成分負荷 × 數量化 = 向量座標

【次元 1 的情形】

$$0.895 \times (-1.464) = -1.310$$

成分負荷　數量化　向量座標

【次元 2 的情形】

$$-0.078 \times -1.464 = 0.114$$

成分負荷　數量化　向量座標

【SPSS 輸出・4】

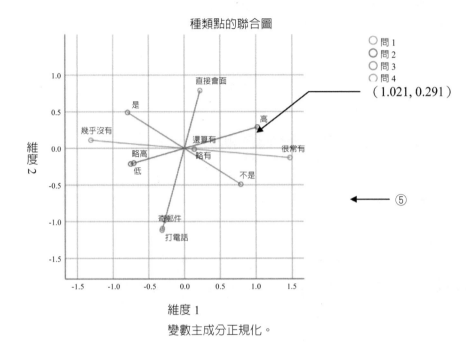

種類點的聯合圖

○ 問 1
○ 問 2
○ 問 3
○ 問 4

（1.021, 0.291）

維度 1

變數主成分正規化。

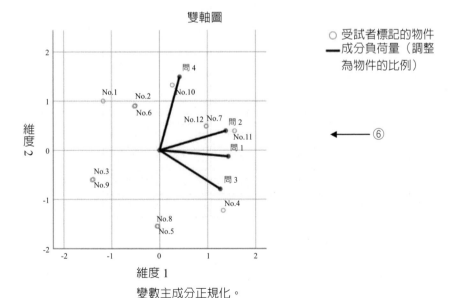

雙軸圖

○ 受試者標記的物件
━ 成分負荷量（調整
　為物件的比例）

維度 1

變數主成分正規化。

【輸出結果的判讀・4】

⑤將【SPSS 的輸出・2】的向量座標做成圖形。

　一面觀察此結合圖形，一面解決類別與類別之關係。

　譬如，

　　＊詢問 1 的類別，可以看出與詢問 2 的類別有相同的方向性。

　　＊詢問 4 的類別 1【寄郵件】與類別 3【打電話】從此圖知形成相同的反應。

⑥將成分負荷（量）與個體分數表現在相同的平面上。

　從此圖可以解讀什麼？不妨想想看。

【SPSS 輸出・5】

物件分數

受試者	維度 1	維度 2	問 1	問 2	問 3	問 4
No.1	-1.173	1.003	幾乎沒有	低	是	直接會面
No.2	-.506	.907	略有	略高	是	直接會面
No.3	-1.411	-.600	幾乎沒有	低	是	寄郵件
No.4	1.325	-1.225	很常有	高	不是	打電話
No.5	-.037	-1.546	還算有	略高	不是	打電話
No.6	-.524	.896	還算有	低	是	直接會面
No.7	.970	.490	略有	高	不是	直接會面
No.8	-.058	-1.543	略有	低	不是	寄郵件
No.9	-1.391	-.589	幾乎沒有	略高	是	寄郵件
No.10	.267	1.325	還算有	高	是	直接會面
No.11	1.565	.392	很常有	高	不是	直接會面
No.12	.972	.489	還算有	高	不是	直接會面

←——— ⑦

變數主成分正規化。

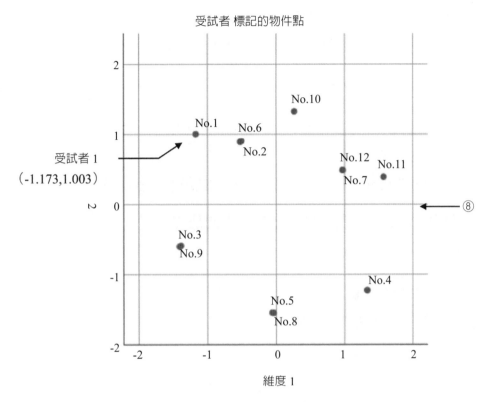

受試者 標記的物件點

變數主成分正規化。

【輸出結果的判讀・5】

⑦個體分數是將受試者的分數標準化者。

譬如：

利用【SPSS 的輸出・2】與【SPSS 的輸出・3】的輸出結果，求受試者 1 的主成分分數（＝第 1 主成分的分數）時，

$$\begin{array}{cccc} \text{成分負荷} & \text{數量化} & \text{成分負荷} & \text{數量化} \\ \text{主成分分數} = 0.895 \times (-1.464) &+& 0.863 \times (-0.867) \end{array}$$

$$\begin{array}{cccc} \text{成分負荷} & \text{數量化} & \text{成分負荷} & \text{數量化} \\ + 0.790 \times (-1.000) &+& 0.261 \times (0.845) \end{array}$$

$$\begin{array}{cccc} \text{向量座標} & \text{向量座標} & \text{向量座標} & \text{向量座標} \\ = -1.370 &-& 0.748 &-& 0.790 &+& 0.221 \end{array}$$

$$= -2.627$$

因此,將此主成分分數標準化時,如下變成受試者 1 的個體分數 。

$$\frac{-2.627-\text{平均}}{\text{標準差}} = \frac{-2.627-0}{2.237} = -1.173$$

⑧將個體分數圖示在平面上。

橫軸是第 1 主成分,縱軸是第 2 主成分。

一面觀察此圖,一面調查受試者與受試者的關係。

譬如:

· 2 個個體點如果接近時,受試者彼此之間出現相似的反應。

➢ 類別主成分分析與主成分分析的不同是 ?

【類別主成分分析的輸出】

成分負荷量

	成分	
	1	2
問 1	.896	-.136
問 2	.794	.144
問 3	.743	.563
問 4	.789	-.520

 ①

變數主成分正規化。

 Tea Break

⑤與⑧是類別主成分分析的核心部分。

【（線型）主成分分析的輸出】

成分矩陣 [a]

	成分	
	1	2
問 1	.896	-.136
問 2	.794	.144
問 3	.743	.563
問 4	.789	-.520

 ②

擷取方法：主成分分析。

a. 已擷取 2 個成分。

① 以表 6.0.2 的數據當作數值數據，進行類別主成分分析。
第 1 主成分是

$$0.896 \times \boxed{與地域的接觸} + 0.794 \times \boxed{對團體的貢獻度}$$
$$+ 0.743 \times \boxed{親密} + 0.789 \times \boxed{談話}$$

② 以表 6.0.2 的數據當作數值數據，利用相關矩陣進行主成分分析。
第 1 主成分是

$$0.896 \times \boxed{與地域的接觸} + 0.794 \times \boxed{對團體的貢獻度}$$
$$+ 0.743 \times \boxed{親密} + 0.789 \times \boxed{談話}$$

由以上知，類別主成分分析是將利用相關矩陣的主成分分析一般化到類別數據的情形。

Note

第 7 章
類別典型相關分析

本章內容

7.1 前言

　　身為上班族的您，目前是否喜氣洋洋地生活在此一瞬間？

　　心中的某處有無不滿的事情嗎？此時，可以聆聽心聲的是寵物？音樂？或者生活空間？

　　因此，像 15 位受試者，進行如下的意見調查。

表 7.1.1　意見調查問卷

```
問 1. 您滿意目前的工作嗎？
    1. 滿意　2. 稍微滿意　3. 稍微不滿　4. 不滿意
                                                    【工作】

問 2. 您結婚了嗎？
    1. 末婚　2. 已婚
                                                    【結婚】

問 3. 您喜歡的寵物是
    1. 不喜歡寵物　2. 貓　3. 狗　4. 各種寵物
                                                    【寵物】

問 4. 您喜歡的音樂是
    1. 古典　2. 搖滾　3. 鄉村
                                                    【音樂】

問 5. 您喜歡的生活空間是
    1. 都市　2. 鄉村
                                                  【生活空間】
```

➢ 想知道的事情是？

　　從此意見調查想知道的事情是以下 2 組的關係。

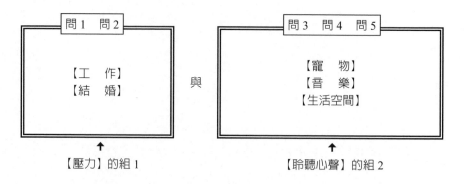

因此，將

| 問 1　　問 2 | 當作有關＜壓力＞的組 |
| 問 3　問 4　問 5 | 當作有關＜聆聽心聲＞的組 |

時，譬如，想調查

(1) 與＜聆聽心聲＞有關的是
　　【工作】呢？或者是【結婚】呢 ？
(2) 與＜壓力＞有關的是
　　【寵物】？【音樂】？【生活空間】？

之中的何者呢？

➢ 類別典型相關分析了解的事項！

類別典型相關分析最重要的事情是以下的「**類別的數量化**」，

表 7.1.2　類別的數量化

詢問 1 的類別	順序		數量化
滿足	1		−1.971
稍微滿足	2		0.359
稍微不滿	3		0.359
不滿	4		0.761

以及利用此數量化所得到的 2 個組之關係。

Tea Break

何謂典型相關分析（canonical correlation analysis）
對於 2 個合成變數

$$a_1 x_1 + \ldots + a_p x_p \text{ 與 } b_1 y_1 + \ldots + b_q y_q$$

之相關係數使之成為最大下決定此係數，此時最大的相關係數稱為典型相關係數，使用這些係數進行分析的手法稱為典型相關分析。

類別典型相關分析是求

　　組 1 與組 2 的相關係數為最大時的係數

　　　　　　$(a_1，a_2)$ 與 $(b_1，b_2，b_3)$。

觀察此係數可以了解

　　　　　　哪一個詢問對哪一個組有何種的影響。

如圖示類別典型相關分析的輪廓時，即為如下。

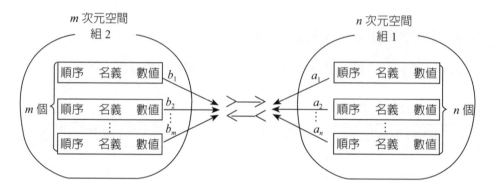

【表 7.1.1 的意見調查的情形】

　　將意見調查所列舉的 5 個詢問，分成 2 組，雖然是求組間的相關係數為最大時的係數，但詢問 3 是多重名義，因之變得略為複雜。

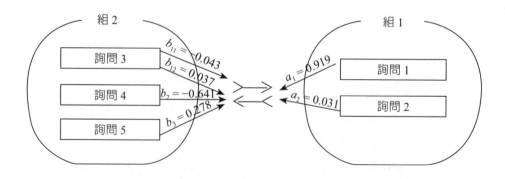

　　但是，意見調查的結果，得出如下。

表 7.1.3　意見調查的結果

受試者	詢問 1	詢問 2	詢問 3	詢問 4	詢問 5
1	滿意	未婚	不喜歡寵物	搖滾	都市
2	稍微不滿	未婚	貓	古典	都市
3	不滿意	已婚	狗	鄉村	鄉村
4	稍微滿意	已婚	不喜歡寵物	古典	都市
5	稍微滿意	未婚	狗	古典	都市
6	不滿意	已婚	各種寵物	鄉村	鄉村
7	稍微不滿	已婚	各種寵物	古典	都市
8	稍微滿意	已婚	狗	搖滾	鄉村
9	滿意	未婚	貓	搖滾	都市
10	稍微不滿	已婚	不喜歡寵物	搖滾	都市
11	稍微滿意	已婚	狗	鄉村	鄉村
12	稍微不滿	未婚	不喜歡寵物	古典	都市
13	滿意	已婚	狗	搖滾	都市
14	不滿意	已婚	各種寵物	鄉村	鄉村
15	不滿意	未婚	貓	古典	都市
	↑	↑	↑	↑	↑
	【工作】	【結婚】	【寵物】	【音樂】	【生活空間】

Tea Break

　　根據主計處 2020 年數據，臺灣 30～34 歲男性未婚率為 64.3%、同齡女性未婚率為 49.7%、35～39 歲男性未婚率為 42.2%、女性為 29.1%。跟 10 年前相比，未婚率上升超過 10%，且男性未婚率還比女性高。

【數據輸入的類型】

表 7.1.3 的數據，輸入如下。

	受試者	問1	問2	問3	問4	問5	變數	變數
1	1	4	1	1	2	1		
2	2	2	1	2	1	1		
3	3	1	2	3	3	2		
4	4	3	2	1	1	1		
5	5	3	1	3	1	1		
6	6	1	2	4	3	2		
7	7	2	2	4	1	1		
8	8	3	2	3	2	2		
9	9	4	1	2	2	1		
10	10	2	2	1	2	1		
11	11	3	2	3	3	2		
12	12	2	1	1	1	1		
13	13	4	2	3	2	1		
14	14	1	2	4	3	2		
15	15	1	1	2	1	1		

【工作】　【結婚】　【寵物】　【音樂】　【生活空間】

7.2 利用SPSS的類別典型相關分析

【統計處理的步驟】

步驟 1　數據輸入結束之後,從分析 (A) 的清單中選擇維度縮減 (D)。接著,從子清單選擇最適尺度法 (O)。

步驟 2　如變成以下畫面時,選擇

　　　　最佳調整層次　的　部分變數不是多重名義變數 (S)
　　　　變數集數　　　的　多組 (M)
　　　　時,就變成非線性正準相關性。接著,按一下 定義 。

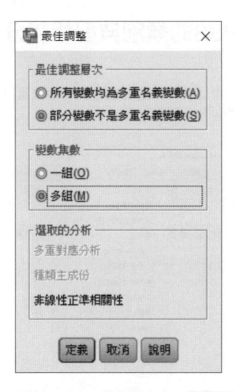

步驟 3 變成以下的畫面時，按一下詢問 1 移到變數 (B) 的方框之中。接著，按一下定義範圍與比例 (D)。

步驟 4 如以下將 4 輸入到<u>最大值 (A)</u> 的方框中。選擇<u>測量尺度的序數的</u> (O)。然後按 繼續 。

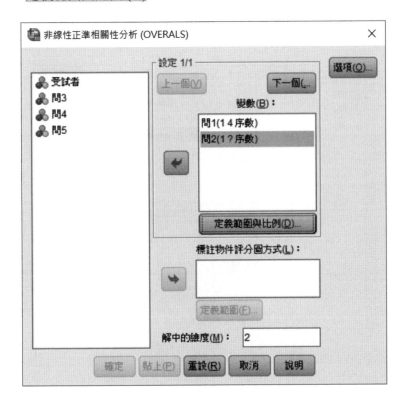

步驟 5 回到步驟 3 的畫面時，同樣將問 2 移到<u>變數 (B)</u> 的方框中，按一下 <u>定義範圍與比例 (D)</u>。

步驟 6　如下將 2 輸入到 最大值 (A) 的方框中。測量尺度是選擇 單一名義 (S)。然後按 繼續 。

步驟 7　變得如下之後，按一下 下一個 (N)。

步驟 8　於是，變數 (B) 的方框之中的問 1 與問 2 消失。

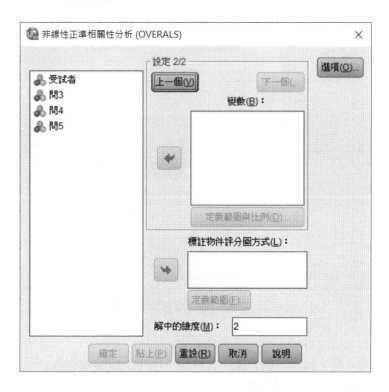

步驟 9　其次的組是詢問 3、詢問 4、詢問 5。因此，將詢問 3 移到變數 (B) 的方框中，再按一下 定義範圍與比例 (D)。

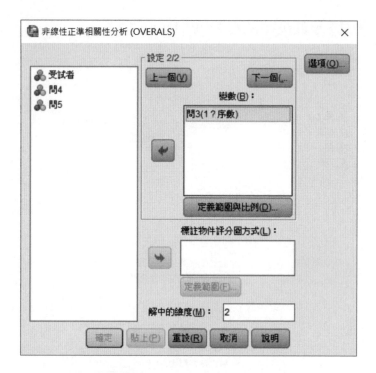

步驟 10 問 3 是被分成 4 類的多重名義。

將 4 輸入到最大值 (A) 的方框中，選擇多重名義 (M)。

然後，按一下 繼續 。

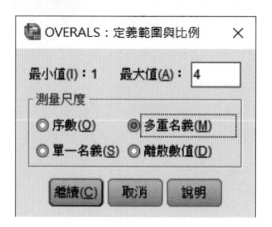

步驟 11 確認變數 (B) 的方框之中變成如下。

步驟 12 問 4 與問 5 是單一名義。移動問 4 與問 5，如變成如下時⋯⋯

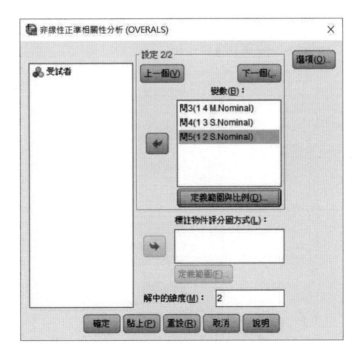

步驟 13 將受試者移到 標註物件評分圖方式 (L) 的方框中,按一下 定義範圍 (F) 時,將 15 輸入到 最大值 (A) 的方框中。

然後,按 繼續 時,即變成如下。

步驟 14 按一下 下一個 (N) 時 ,即變成如下。

因此,按一下 選項 (O) 時……

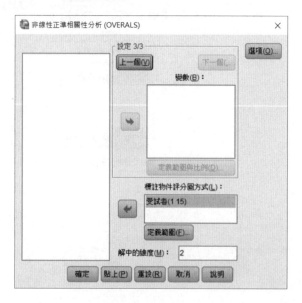

步驟 15 變成如下畫面時，按一下

顯示 的 加權及成分載入 (W)　　　種類量化 (Q)

　　　　　　　　　物件評分 (O)

　　圖形 的　　　種類座標 (S)　物件評分 (B)　成分載入 (T)。

　　然後，確認 使用隨機起始配置 (U) 之後，再按 繼續。

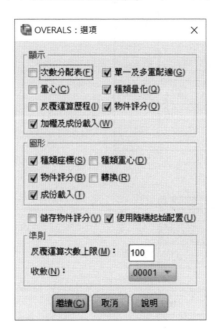

步驟 16 變成以下時，按 確定。

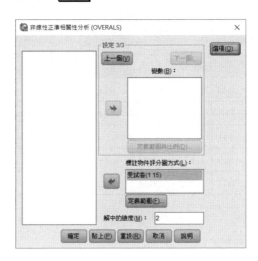

【SPSS 輸出・1】
非線型典型相關分析

分析摘要

		維度		
		1	2	總和
損失	集合 1	.062	.121	.183
	集合 2	.062	.121	.183
	平均值	.062	.121	.183
固有值		.938	.879		←───── ①
適合度				1.817

加權 [a]

集合		維度	
		1	2
1	問 1	1.010	.032
	問 2	-.321	.928	←───── ②
2	問 4	-1.046	.169
	問 5	1.015	.302

a. 表格中不包含多重名義變數。

適合度

集合		多重適合度			多重適合度			多重適合度		
		1	2	總和	1	2	總和	1	2	總和
1	問 1[a]	1.026	.014	1.040	1.021	.001	1.022	.005	.013	.018
	問 2[b]	.103	.861	.964	.103	.861	.964	.000	.000	.000	←── ③
2	問 3[c]	.120	.451	.571						
	問 4[b]	1.094	.029	1.122	1.094	.029	1.122	.000	.000	.000
	問 5[b]	1.031	.091	1.122	1.031	.091	1.122	.000	.000	.000

a. 最適尺度層級：次序
b. 最適尺度層級：名義
c. 最適尺度層級：多重名義

【輸出結果的判讀法・1】

①求特徵值與損失。

$$0.938 + 0.879 = 1.817$$ ← 特徵值與特徵值的合計

$$1.817 + 0.183 = 2$$ ← 特徵值的合計與損失的合計與原來的資訊量②一致

特徵值是指資訊量之意。損失是指資訊量的損失。

②加權值是單一類別座標的標準差。

以詢問 1 來說， ← 由下頁的問 1

$$1.010 = \sqrt{\frac{3 \times (-1.992 - 0)^2 + 4 \times (0.363 - 0)^2 + 4 \times (0.363 - 0)^2 + 4 \times (0.769 - 0)^2}{15}}$$

③單一損失之值大的變數，被認為當作多重名義（也稱為複名義）較為合適。亦即，

「當作單一名義的數量化因有不合理之處，所以當作多重名義進行數量化」

多重適合度是多重類別座標的變異數。此值大的變數被認為可以清楚地被判別。

單一適合度是加權值的平方。

$$(1.010)^2 = 1.021$$

可以用此值較大的次元來判別。

【SPSS 輸出・2】
量化

集合 1

問 1[a]

	邊際次數	量化	第一種類座標維度		多重種類座標維度	
			1	2	1	2
滿意	3	-1.971	-1.992	-.062	-1.993	-.033
稍微滿意	4	.359	.363	.011	.463	.033
稍微不滿意	4	.359	.363	.011	.267	-.163
不滿意	4	.761	.769	.024	.765	.154
遺漏	0					

← ④⑤⑥

a. 最適尺度層級：次序

問 2[a]

	邊際次數	量化	第一種類座標維度		多重種類座標維度	
			1	2	1	2
單身	6	-1.225	.393	-1.136	.393	-1.136
已婚	9	.816	-.262	.758	-.262	.758
遺漏	0					

← ⑦

a. 最適尺度層級：單一名義

問 3[a]

	邊際次數	種類量化 維度	
		1	2
不喜歡寵物	4	.401	-.024
貓	3	.326	-1.216
狗	5	-.347	.262
各種寵物	3	-.282	.811
遺漏	0		

a. 最適尺度層級：多重名義

問 4[a]

	邊際次數	量化	單一種類座標 維度		多重種類座標 維度	
			1	2	1	2
古典	6	-1.215	1.270	-.206	1.270	-.204
搖滾	5	.958	-1.002	.162	-1.000	.174
鄉村	4	.624	-.652	.106	-.655	.088
遺漏	0					

a. 最適尺度層級：單一名義

問 5[a]

	邊際次數	量化	第一種類座標 維度		多重種類座標 維度	
			1	2	1	2
都市	10	-.707	.718	-.213	-.718	-.213
鄉村	5	1.414	1.438	.427	1.436	.427
遺漏	0					

a. 最適尺度層級：單一名義

【輸出結果的判讀法・2】

④將類別數量化成爲平均 0，變異數 1。

$$3 \times (-1.971) + 4 \times (0.359) + 4 \times (0.359) + 4 \times (0.761) = 0 \quad \leftarrow 平均$$

$$\frac{3 \times (-1.971-0)^2 + 4 \times (0.359-0)^2 + 4 \times (0.359-0)^2 + 4 \times (0.761-0)^2}{15} = 1 \quad \leftarrow 變異數$$

⑤單一類別座標，是對數量化加權。

表 7.1.1　單一類別座標

詢問 1 的類別	次元 1	次元 2
滿意	$-1.971 \times 1.010 = -1.992$	$-1.971 \times 0.032 = -0.062$
稍微滿意	$0.359 \times 1.010 = 0.363$	$0.359 \times 0.032 = 0.011$
稍微不滿	$0.359 \times 1.010 = 0.363$	$0.359 \times 0.032 = 0.011$
不滿	$0.761 \times 1.010 = 0.769$	$0.761 \times 0.032 = 0.024$

⑥多重類別座標並沒有資訊損失最小化的限制。

　相對的，單一類別座標是因爲將類別排列在直線上出現資訊的損失。

　也就是說，單一名義是指可以將各個類別在直線上進行數量化之變數。

⑦與單一名義相反，多重名義由於無法只用 1 次元（直線）將各個類別適切地進行數量化，因之，乃在 2 次元（次元 1，次元 2）上進行數量化。

【SPSS 輸出‧3】

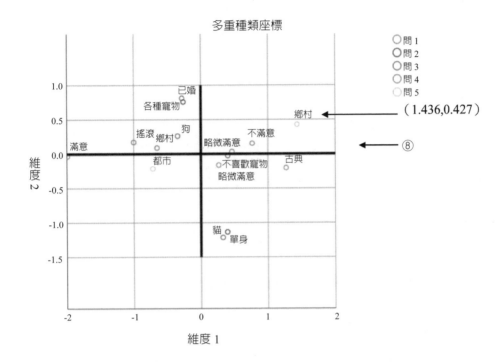

成分負荷量

集合				維度 1	維度 2
1	問 1[a,b]			.919	.297
	問 2[b,c]			-.031	.937
2	問 3[d,e]	維度	1	-.043	-.699
			2	.037	.864
	問 4[b,c]			-.641	.473
	問 5[b,c]			.278	.725

a. 最適尺度層級：次序
b. 物件空間中單一量化變數的投影
c. 最適尺度層級：單一名義
d. 最適尺度層級：多重名義
e. 物件空間中多重量化變數的投影

【輸出結果的判讀法・3】

⑧是多重類別的座標。

在 5 個詢問中各個類別的關係非常清楚。

譬如…

＊獨身的人與貓，位在相同的位置。

這是意謂什麼呢？

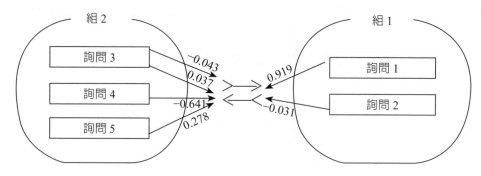

圖 7.2.1　類別典型相關分析

⑨成分負荷（量）是指

利用已數量化的變數與物件分數所求出的 Pearson 相關係數。

成分負荷是說明該變數的重要性。因此，

組 1 ＜壓力＞中，詢問 1【工作】似乎是重要的。

組 2 ＜聆聽心聲＞中，詢問 4【音樂】似乎是重要的。

Tea Break

成分負荷在 SPSS 中稱為元件載入。

【SPSS 輸出・4】

物件分數

	維度	
	1	2
1	-1.556	-.725
2	.871	-1.571
3	.503	-.897
4	.561	-.185
5	.512	-.729
6	.537	1.209
7	.197	.661
8	.100	.922
9	-1.595	-1.403
10	-.650	.395
11	.286	.890
12	.910	-.892
13	-2.303	.516
14	.537	1.209
15	1.088	-1.563

⑩

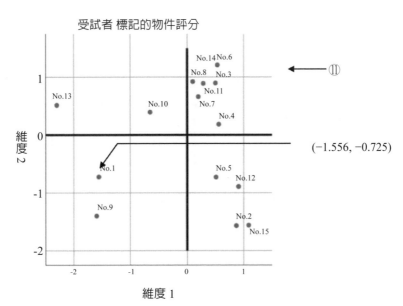

物件數加權的觀察值。

【輸出結果的判讀法・4 】
⑩物件分數是將單一類別座標之合計進行標準化之後的分數。

| | 詢問 1 | 詢問 2 | 詢問 3 | 詢問 4 | 詢問 5 | 合計 | 物件分數 |

受試者 1 $-1.992 + 0.393 + 0.401 - 1.002 - 0.718 = -2.918 \Rightarrow \dfrac{-2.918 - 0}{1.875} = -1.556$

受試者 2 $0.363 + 0.393 + 0.326 + 1.270 - 0.718 = 1.634 \Rightarrow \dfrac{1.634 - 0}{1.875} = 0.871$

受試者 3 $0.769 - 0.262 - 0.347 - 0.652 + 1.436 = 0.994 \Rightarrow \dfrac{0.994 - 0}{1.875} = 0.503$

$\vdots$

受試者 15 $0.769 + 0.393 + 0.326 + 1.270 - 0.718 = 2.040 \Rightarrow \dfrac{2.040 - 0}{1.875} = 1.088$

⑪是將物件分數圖示在平面（次元 1，次元 2）上。
　由此圖去尋找呈現相似反應的受試者。
　但是，受試者 1 是（−1.556，−0.725），所以變成如下。

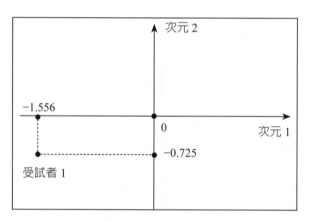

圖 7.2.2.　座標

第 8 章
對應分析

本章內容

8.1 前言

在許多地方都提到「相配」。譬如，在女性週刊中，像是

「與他的相配，如此就行嗎？」

譬如，在電視的料理節目中，像是

「與紅酒相配的食譜是什麼？」

此處，列舉清涼飲料水與點心的相配來看吧。

因此，對 25 位受驗者，進行了如下的意見調查。

表 8.1.1 意見調查問卷

問 1. 您在以下的清涼飲料水中，主要是喝哪一者？ 　　1. 碳酸飲料　2. 運動飲料　3. 果汁　4. 茶類 　　　　　　　　　　　　　　　　　　　　　　　　　　　【清涼飲料水】 問 2. 您喝清涼飲料水時，主要是吃以下的哪一個點心呢？ 　　1. 洋芋片　2. 花生　3. 巧克力　4 無 　　　　　　　　　　　　　　　　　　　　　　　　　　　　　【點心】

➢ 想知道的事情是？

　　從此意見調查想知道的事情是：

1. 想找出「清涼飲料水」與「點心」的相配。
2. 想找出呈現相似反應的受試者。

Tea Break

　　何謂對應分析（correspondence analysis），是將類似的輪廓加以歸納或尋找類似輪廓的方法。

$$\left.\begin{array}{c}\text{2 次元空間的}\\[4pt]\text{（順序，名義，數值）}\end{array}\right\} \rightarrow \text{2 次元空間的類別}$$

表 8.1.2　意見調查的結果

受驗者	詢問 1	詢問 2
1	運動飲料	無
2	茶類	無
3	碳酸飲料	洋芋片
4	碳酸飲料	花生
5	果汁	巧克力
6	運動飲料	無
7	茶類	無
8	碳酸飲料	洋芋片
9	茶類	無
10	果汁	花生
11	運動飲料	無
12	果汁	巧克力
13	運動飲料	無
14	茶類	無
15	茶類	無
16	果汁	花生
17	茶類	無
18	運動飲料	無
19	果汁	巧克力
20	碳酸飲料	洋芋片
21	運動飲料	無
22	碳酸飲料	無
23	運動飲料	巧克力
24	運動飲料	無
25	茶類	洋芋片

↑
【清涼飲料水】　↑
【點心】

＊多重回答時將類別當作 0、1 變數進行多重對應分析的方法也有。

➤由對應分析了解的事情！

對應分析最重要的事情是從以下的「**類別數量化**」。

表 8.1.3 平均 0，變異數 1 的類別數量化

詢問 1 的類別	類別數量化	
	次元 1	次元 2
碳酸飲料	−0.080	1.938
運動飲料	0.545	−0.772
果汁	−1.905	−0.513
茶類	0.796	−0.134

可以求出如下的「直欄點」與「橫列點」。

表 8.1.4 直欄點與橫列點

詢問 1 的類別	類別數量化	
	次元 1	次元 2
碳酸飲料	−0.073	1.578
運動飲料	0.495	−0.629
果汁	−1.730	−0.418
茶類	0.723	−0.109

直欄點與橫列點，與類別的數量化幾乎是相同的意義。利用圖示此直列點與橫列點，即可看出類別與類別的關係。

如將詢問 1 當作直欄點時，詢問 2 即為橫列點。

如將詢問 1 當作橫列點時，詢問 2 即為直欄點。

如圖示對應分析 (correspondence analysis) 的輪廓時，即為如下。

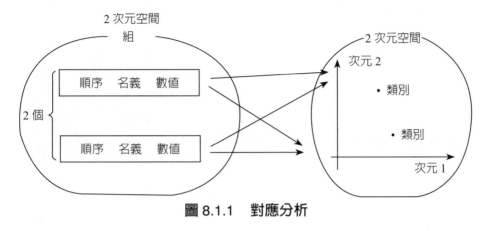

圖 8.1.1　**對應分析**

【**表 8.1.1 的意見調查的情形**】
　雖然是將意見調查所列舉的 2 個詢問整理在 2 次元空間上，讓相似的類別配置在較近，不相似的類別配置在較遠那樣，找出 2 條軸（次元 1，次元 2）是重點所在。

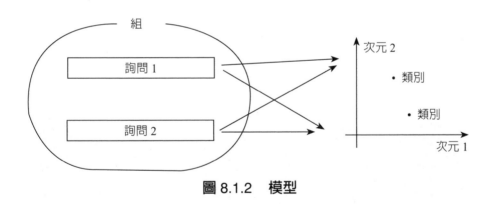

圖 8.1.2　**模型**

【數據輸入的類型】

表 8.1.2 的數據，如下輸入。

受試者	問1	問2	變數	變數	變數
1	2	4			
2	4	4			
3	1	1			
4	1	2			
5	3	3			
6	2	4			
7	4	4			
8	1	1			
9	4	4			
10	3	2			
11	2	4			
12	3	3			
13	2	4			
14	4	4			
15	4	4			
16	3	2			
17	4	4			
18	2	4			
19	3	3			
20	1	1			
21	2	4			
22	1	4			
23	2	3			
24	2	4			
25	4	1			

9.1.2.sav [資料集1] - IBM SPSS Statistics 資料編輯器

檔案(F) 編輯(E) 檢視(V) 資料(D) 轉換(T) 分析(A) 圖形(G) 公用程式(U) 延伸(X) 視窗(W) 說明(H)

顯示：3 個變數（共有 3 個）

資料視圖　變數視圖

IBM SPSS Statistics 處理器已備妥　　Unicode:OFF

【清涼飲料水】　　【點心】

8.2 利用SPSS的對應分析

【統計處理的步驟】

步驟1 數據的輸入結束時，從分析 (A) 的清單中選擇維度縮減 (D)。從子清單選擇對應分析 (C)。

步驟 2　變成以下畫面時，按一下問 1，移到 列 (W) 的方框中。

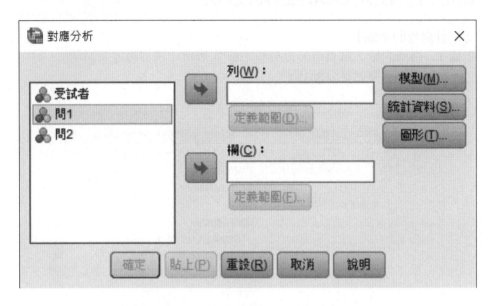

步驟 3　列 (W) 的方框變成如下時，按一下 定義範圍 (D)。

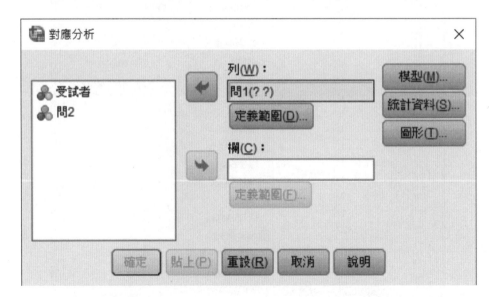

步驟 4 問 1 由於被分成 4 個水準，將 1 輸入到最小值 (I)，將 4 輸入到最大值 (A) 的方框中。
按一下 更新（U），並按 繼續 時…

步驟 5 列 (W) 的方框中即變成如下。

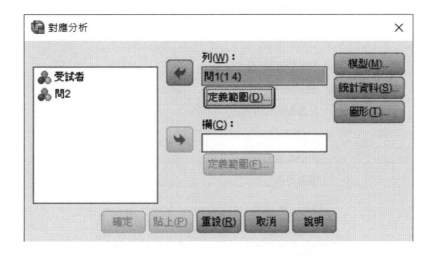

步驟 6 以相同的步驟將問 2 移到的欄 (C) 方框中，
如變成以下時，按一下 統計資料 (S)。

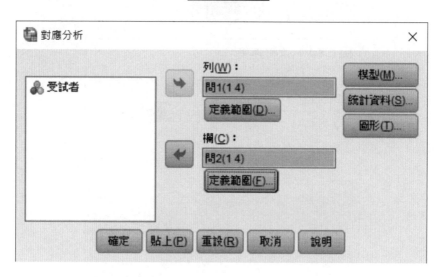

步驟 7 變成以下畫面時，確認
對應表格 (C)、列點數概觀 (R)、欄點數概觀 (L)
再按 繼續。

步驟 8　回到步驟 6 的畫面時，按一下 圖形 (O)。

變成以下的畫面時，確認雙軸圖 (B)，再按 繼續。

步驟 9　再度回到步驟 6 的畫面時，按 確定 。

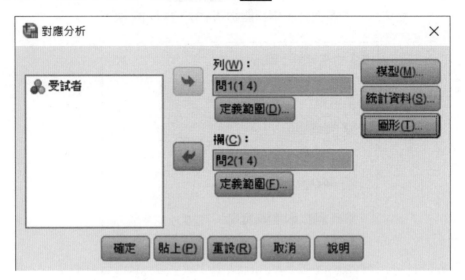

 Tea Break

　　對應分析的主要目的之一，便是說明低維度空間中，在對應表格內的兩個名義變數之間的關係，同時並描述兩個變數類別之間的關係。對每個變數而言，圖形中，數個類別點之間的距離，會反映出類別之間的關係，而且跟這些類別很相似的其他類別，會畫在它們的旁邊。

　　如果牽涉到兩種以上的變數，請使用多重對應分析。如果變數應該以序數方式測量的話，請使用類別主成分分析。

【SPSS 輸出・1】

對應表格

問1	問2				
	洋芋片	花生	巧克力	無	作用中邊際
碳酸飲料	3	1	0	1	5
運動飲料	0	0	1	7	8
果汁	0	2	3	0	5
茶類	1	0	0	6	7
作用中邊際	4	3	4	14	25

摘要

維度	特異值	慣性	卡方檢定	顯著性	慣性比例		信賴特異值	
					歸因於	累加	標準差	相關性2
1	.824	.679			.607	.607	.099	.054
2	.663	.439			.393	.999	.153	
3	.025	.001			.001	1.000			← ①
總計		1.119	27.986	.001[a]	1.000	1.000		

a. 9 自由度

【輸出結果的判讀法・1】

①(奇異值)^2 即為特徵值，以下的等式是成立的。

$$(奇異值)^2 = 慣性$$
$$(0.824)^2 = 0.679$$

慣性比例（貢獻率）的地方，是如下計算。

$$慣性比例 = \frac{慣性}{慣性的合計}$$

因此，

$$0.607 = \frac{0.679}{0.679 + 0.439 + 0.001}$$

是表示次元 1 說明全體的 60.7%。

【SPSS 輸出・2】

列點數概觀 [a]

問 1	聚集	維度中的分數		慣性	要素項				
					點到維度的慣性		維度到點的慣性		
		1	2		1	2	1	2	總計
碳酸飲料	.200	-.073	1.578	.331	.001	.751	.003	.997	1.000
運動飲料	.320	.495	-.629	.149	.095	.191	.434	.564	.998
果汁	.200	-1.730	-.418	.517	.726	.053	.955	.045	1.000
茶類	.280	.723	-.109	.123	.177	.005	.979	.018	.997
作用中總計	1.000			1.119	1.000	1.000			

◀②

a. 對稱常態化

欄點數概觀 [a]

問 2	聚集	維度中的分數		慣性	要素項				
					點到維度的慣性		維度到點的慣性		
		1	2		1	2	1	2	總計
洋芋片	.160	.153	1.744	.326	.005	.734	.009	.990	1.000
花生	.120	-1.429	.373	.213	.297	.025	.947	.052	.998
巧克力	.160	-1.424	-.711	.321	.394	.122	.833	.167	.999
無	.560	.670	-.375	.259	.305	.119	.798	.202	1.000
作用中總計	1.000			1.119	1.000	1.000			

◀③

a. 對稱常態化

＊列（欄）點數的聚集（mass）是表示 $\dfrac{各項的回答數}{總回答數}$ 。

【輸出結果的判讀法・2】
②次元的分數是對平均 0，變異數 1 的類別數量化乘上【SPSS 輸出・1】中的 $\sqrt{奇異點}$ 所得出。

表 8.2.1 平均 0，變異數 1 的類別的數量化

詢問 1 的類別	類別數量化	
	次元 1	次元 2
碳酸飲料	−0.080	1.938
運動飲料	0.545	−0.772
果汁	−1.905	−0.513
茶類	0.796	−0.134

表 8.2.2 次元的分數

詢問 1 的類別	次元的分數	
	次元 1	次元 2
碳酸飲料	$-0.080 \times \sqrt{0.824} = -0.073$	$1.938 \times \sqrt{0.663} = -1.578$
運動飲料	$0.545 \times \sqrt{0.824} = 0.495$	$-0.772 \times \sqrt{0.663} = -0.629$
果汁	$-1.905 \times \sqrt{0.824} = -1.730$	$-0.513 \times \sqrt{0.663} = -0.418$
茶類	$0.796 \times \sqrt{0.824} = 0.723$	$-0.134 \times \sqrt{0.663} = -0.109$

↑ 0.824 是輸出 1 中的奇異值　　↑ 0.663 是輸出 1 中的奇異值

聚集是以如下求出。

$$0.200 = \frac{5}{25} \text{，} 0.320 = \frac{8}{25} \text{，} 0.200 = \frac{5}{25} \text{，} 0.280 = \frac{7}{25}$$

$$0.16 = \frac{4}{25} \text{，} 0.12 = \frac{3}{25} \text{，} 0.16 = \frac{4}{25} \text{，} 0.56 = \frac{14}{25}$$

③次元的分數是與②相同，對平均 0，變異數 1 的類別的數量化乘上 $\sqrt{\text{奇異值}}$ 求出。

【SPSS 輸出・3】

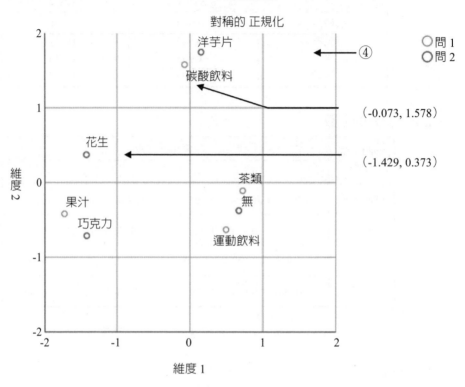

列和欄點數

對稱的 正規化

【輸出結果的判讀法・3】

④這是雙軸圖（byplot）。將 2 的橫列點（次元 1, 次元 2）與 3 的直欄點（次元 1, 次元 2）布置在相同的平面上。

看此圖之後，可以解讀

「邊喝碳酸飲料，邊吃洋芋片」

或

「巧克力與果汁非常對味」

或

「運動飲料或茶是不用搭配點心喝的」。

對了，碳酸飲料與花生的座標是

碳酸飲料（−0.073，1.578），花生（−1.429，0.373），所以可以如下加以圖示。

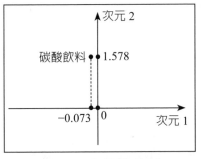

圖 8.2.1　碳酸飲料　　　　　　　圖 8.2.2　花生

> ## 對應分析、多重對應分析、類別典型相關分析的不同？

【多重對應分析】

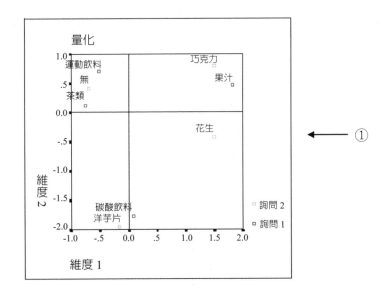

【類別典型相關分析 —— 利用多重名義】

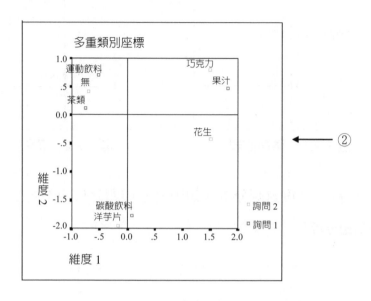

①使用表 8.1.2 的數據，進行多重對應分析。
②使用表 8.1.2 的數據，利用多重名義的變數進行類別典型相關分析。

　由以上知，名義變數是 2 個項目時，
　　　　　　　多重對應分析與類別典型相關分析
是相同的分析。
　另外，比較【SPSS 輸出‧3】的圖 與〔前頁〕的圖，知
　　　　　　　多重對應分析與對應分析
是相同的分析。

第 9 章
多重對應分析

本章內容

9.1 前言

如今，便利商店無所不在，而且我們如果想購買一些東西的話就會在附近的便利商店解決。

在那家便利商店我們想買什麼呢？

在那家便利商店我們要花多少錢呢？

因此，對 25 位受試者進行如下的意見調查。

表 9.1.1　意見調查問卷

問 1. 您主要在便利商店購買的東西是以下的何者呢？
　　　1. 便餐　　2. 零食　　3. 雜誌　　4. 飲料

　　　　　　　　　　　　　　　　　　　　　　　　　　　　〔購物〕

問 2. 您在便利商店 1 次大約花多少錢？
　　　1. 500 元　　2. 1000 元　　3. 1500 元

　　　　　　　　　　　　　　　　　　　　　　　　　　　　〔金額〕

問 3. 您一星期利用便利商店幾次？
　　　1. 幾乎每天　　2. 4、5 次　　3. 2、3 次　　4. 1 次以下

　　　　　　　　　　　　　　　　　　　　　　　　　　　　〔次數〕

➤ 想知道什麼？

由此意見調查想知道的事情是：

1. 想找出相似的類別是什麼？

　譬如，購買便餐的人是否幾乎每天都往來便利商店呢？

2. 呈現相似反應的受試者是誰與誰？ 等之類。

Tea Break

何謂多重對應分析？

　「多重對應分析」會透過指定觀察值（物件）和類別的數值來量化名義（類別）資料，因此相同類別的物件會緊密在一起，而不同類別的物件則會分開。每一個物件會儘量接近包含該物件的類別的類別點。如此一來，即由種類將物件區分為同質性的子群組。將相同種類中的物件歸類到同一子群組的變數即為同質性變數。調查類別與類別的關係，尋找相似類別或呈現相似反應的受試者的手法。

表 9.1.2　意見調查結果

受試者	詢問 1	詢問 2	詢問 3
1	零食	500 元	1 次以下
2	飲料	1500 元	1 次以下
3	便餐	1000 元	幾乎每天
4	便餐	1000 元	4、5 次
5	雜誌	1000 元	2、3 次
6	零食	500 元	1 次以下
7	飲料	1500 元	1 次以下
8	雜誌	1000 元	幾乎每天
9	飲料	1500 元	1 次以下
10	雜誌	1000 元	4、5 次
11	零食	500 元	1 次以下
12	雜誌	1000 元	2、3 次
13	零食	500 元	1 次以下
14	飲料	1500 元	1 次以下
15	飲料	1500 元	1 次以下
16	雜誌	1000 元	4、5 次
17	飲料	1500 元	1 次以下
18	零食	500 元	1 次以下
19	雜誌	1000 元	2、3 次
20	便餐	1000 元	幾乎每天
21	零食	1500 元	1 次以下
22	便餐	1500 元	1 次以下
23	零食	1500 元	2、3 次
24	零食	1500 元	1 次以下
25	飲料	1500 元	幾乎每天
	↑	↑	↑
	〔購物〕	〔金額〕	〔次數〕

➤ 以多重對應分析可了解的事項！

在多重對應分析中，最重要的事情是
如下的「**類別的數量化**」

表 9.1.3 類別的數量化

詢問 1 的類別	類別的數量化	
	次元 1	次元 2
便餐	−0.862	1.107
零食	0.814	−0.863
雜誌	−1.429	−0.961
飲料	0.705	0.881

與利用此數量化所得到的「物件分數」。

表 9.1.4 物件分數

受試者	次元 1	次元 2
1	−0.938	−1.147
2	0.786	0.761
⋮	⋮	⋮

1. 利用圖示此類別的數量化，可以調查類別與類別的關係。
2. 利用圖示物件分數，可以找出呈現相似反應的受試者。

將多重對應分析的輪廓圖示時，即為如下。

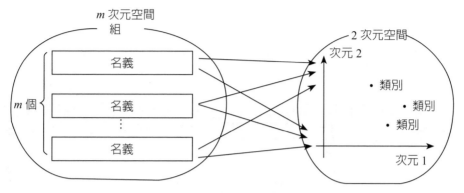

圖 9.1.1　多重對應分析

【表 9.1.1 的意見調查的情形】

將意見調查中所列舉的 3 個詢問整理在 2 次空間。

當然，儘可能不損失原來的資訊下，尋找 2 條軸（次元 1，次元 2）是重點所在。

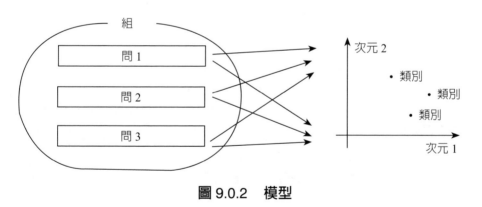

圖 9.0.2　模型

【數據輸入的類型】

表 9.1.2 的數據，如下輸入。

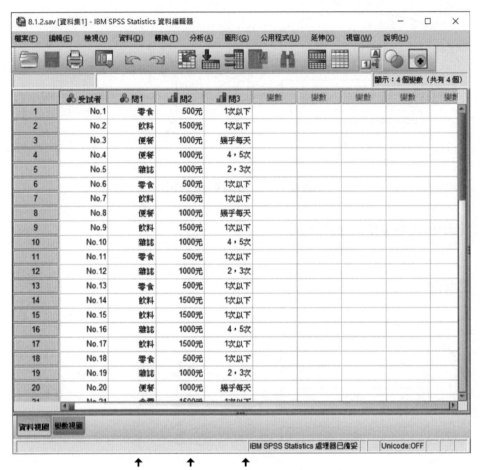

〔購物〕　〔金額〕　〔次數〕

9.2 利用SPSS的多重對應分析

【統計處理的步驟】

步驟 1 數據的輸入結束時，從分析 (A) 的清單中選擇維度縮減 (D)。接著，從子清單中選擇最適尺度 (O)。

步驟 2 變成以下畫面時，選擇

最佳調整層次　的　　所有變數均為多重名義變數 (A)

變數集數　　的　　　　一組 (O)

時，選取的分析即成為多重對應分析。接著，按一下 定義 。

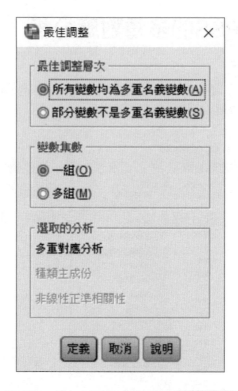

步驟 3 變成以下畫面時，按一下問 1，並移到分析變數 (A) 的方框中。

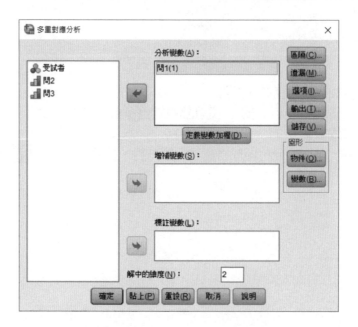

步驟 4　按一下定義變數加權 (D)，變成以下的畫面之後，維持變數加權(V) 中 1 的方框，然後按一下 繼續 。

步驟 5　接著，將問 2 及問 3 移入分析變數中，同步驟 4 所有變數的加權均維持 1。

步驟 6　接著，將受試者移到 標註變數 (L) 的方框中。

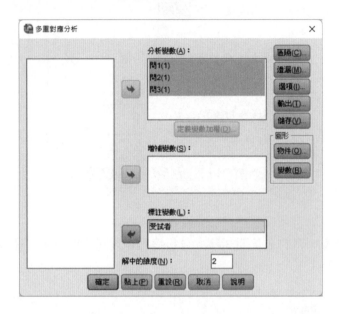

步驟 7　點選 選項 (I)，正規化方法 (Z) 點選變數主體，按 繼續 。

步驟 8　回到原畫面，點選 區隔 (C)，方法選擇 分組 ，種類數分別輸入 4、
3、4。

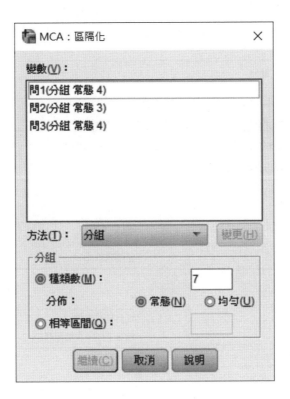

 Tea Break

當根據分組**區隔化**變數時，可以使用下列選項：
- 類別的個數。指定類別的數目，以及這些類別中的變數值是否應該遵循近似常態或均勻分配。
- 等距。變數將重新編碼成由這些大小相等間隔所定義的類別。而您必須指定間隔的長度。
- 您可以在「區隔化」對話框中，選擇重新編碼變數的方法。除非您另行指定，否則系統將以接近常態分配的方式，將分數值的變數分成 7 種類別（如果這個數目少於 7，則視變數中不同值的數目決定）。

步驟 8 回到原畫面，點選輸出 (T)，變成如下畫面時，選擇
表格的判別測量 (S) 物件評分 (O)
將量化變數的問 1 到問 3 移到種類量化和要素項 (T) 中。
將受試者移到標註物件評分方式 (B) 中。再按 繼續 。

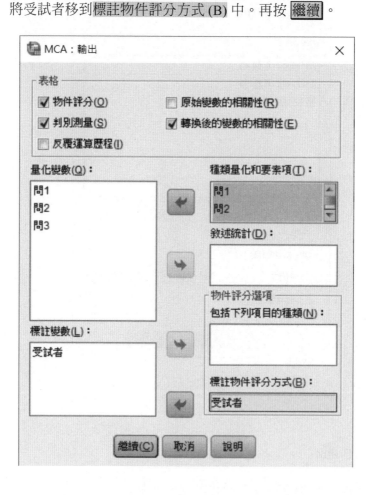

步驟 9 回到原畫面，點選圖形中的物件，勾選物件點數 (O)、物件與重心（雙軸圖）(J)。按 繼續 ，回到原畫面。

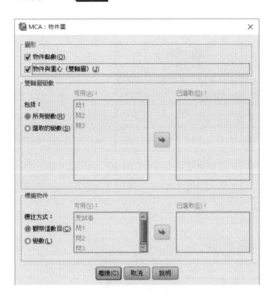

步驟 10 點選圖形中的變數 (B)，將問 1 到問 3 移到聯合種類圖中。勾選判別測量的顯示圖形(P)，勾選使用所有變數，按 繼續 ，再按 確定 。

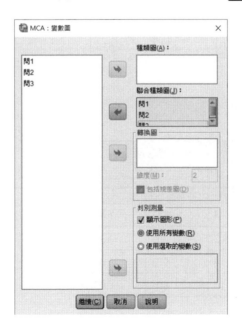

【SPSS 輸出‧1】

問 1

點：座標

種類	次數分配表	重心座標 維度	
		1	2
便餐	5	-.862	1.107
零食	8	.814	-.863
雜誌	5	-1.429	-.961
飲料	7	.708	.881

← ①

變數主成分正規化。

問 2

點：座標

種類	次數分配表	重心座標 維度	
		1	2
500 元	5	.938	-1.147
1000 元	9	-1.296	-.017
1500 元	11	.634	.535

變數主成分正規化。

問 3

點：座標

種類	次數分配表	重心座標 維度	
		1	2
幾乎每日	4	-.743	1.462
4、5 次	3	-1.468	-.360
2、3 次	4	-.973	-1.016
1 次以下	14	.805	.050

變數主成分正規化。

【輸出結果的判讀法・1】

①多重對應分析的類別數量化是對

　平均 0，變異數 1 的類別的數量化

　乘上【SPSS 輸出・2】的 $\sqrt{差別測量的次元}$ 求得。

表 9.2.1　平均 0，變異數 1 的類別數量化

問 1 的 類別	類別數量化	
	次元 1	次元 2
便餐	−0.905	1.175
零食	0.854	−0.918
雜誌	−1.500	−1.019
飲料	0.740	0.939

表 9.2.2　多重對應分析的類別數量化

詢問 1 的 類別	類別數量化	
	次元 1	次元 2
便餐	$-0.905 \times \sqrt{0.908} = -0.905$	$1.175 \times \sqrt{0.885} = 1.107$
零食	$0.854 \times \sqrt{0.908} = 0.814$	$-0.918 \times \sqrt{0.885} = -0.863$
雜誌	$-1.500 \times \sqrt{0.908} = -1.425$	$-1.019 \times \sqrt{0.885} = -0.961$
飲料	$0.740 \times \sqrt{0.908} = 0.705$	$0.939 \times \sqrt{0.885} = 0.881$

0.908 是下頁的區別測量　　0.885 是下頁的區別測量
（問 1：次元 1）的值。　　（問 1：次元 2）的值。

Tea Break

類別主成分分析與多重對應分析的類別數量化的意義是有稍許的不同。

【SPSS 輸出・2】

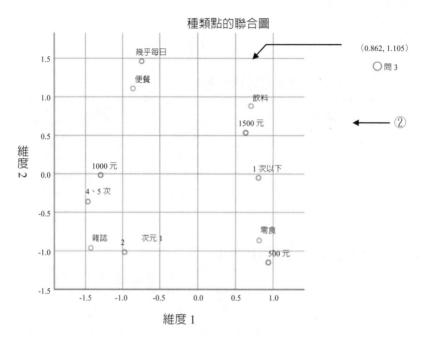

變數主成分正規化。

判別測量

	維度		
	1	2	平均值
問 1	.908	.885	.897
問 2	.957	.389	.673
問 3	.862	.524	.693
作用中總計	2.727	1.799	2.263
變異數的 %	90.903	59.971	75.437

【輸出結果的判讀法 2 】

②這是將類別數量化之值在平面上（次元 1，次元 2）圖示者。

此處是多重對應分析的核心部分。

看此圖時……

由於「便餐」與「幾乎每日」相接近，所以知

購買便餐的人幾乎每日往來於便利商店。

其他，似乎也可以發現到有趣的事情。

但是，以便餐來說，類別數量化是

（−0.862，1.105）

因之，如下加以圖示。

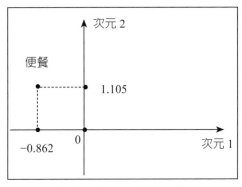

圖 9.2.3　便餐圖示

③區別測量的次元是在

多重對應分析的類別數量化時利用。

【SPSS 輸出・3】

物件分數

觀察值數目	維度	
	1	2
1	.938	-1.147
2	.786	.761
3	-1.064	1.416
4	-1.330	.404
5	-1.356	-1.106
6	.938	-1.147
7	.786	.761
8	-1.064	1.416
9	.786	.761
10	-1.537	.743
11	.938	-1.147
12	-1.356	-1.106
13	.938	-1.147
14	.786	.761
15	.786	.761
16	-1.537	-.743
17	.786	.761
18	.938	-1.147
19	-1.356	-1.106
20	-1.064	1.416
21	.826	-.210
22	.212	.884
23	.174	-.746
24	.826	-.210
25	.219	1.601

變數主成分正規化。

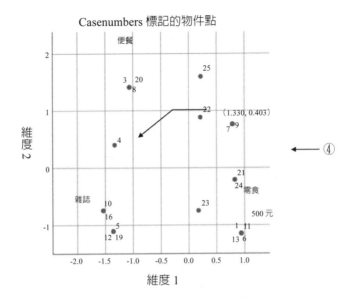

Casenumbers 標記的物件點

【輸出結果的判讀法・3】

④這是將物件分數在平面上（次元1，次元2）圖示。

　物件分數是將類別數量化的合計

受試者 1　(0.814) + (0.938) + (0.805) = 2.557
受試者 2　(0.705) + (0.634) + (0.805) = 2.144
⋮
受試者 25 (0.705) + (0.634) + (0.862) = 2.201

進行標準化。

 Tea Break

　多重對應分析與對應分析的不同，即為如下：
　對於 2 次元空間的資料（順序、名義、數據）改成 2 次元空間的類別是對應分析，對於多次元空間的資料（順序、名義、數據）改成 2 次元空間的類別是多元對應分析。
　將不是交叉累計表形式的詢問進行對應分析時，是使用多重對應分析。
　如果有兩個變數，「多重對應分析」就會跟「對應分析」很像。如果您確信變數包含序數或數值性質的話，那麼就應使用「種類主成分分析」。如果您想要使用一組變數，那麼應該使用「非線性典型相關分析」。

Note

第 10 章
多重對應分析的應用

本章內容

10.1 01型與項目類別型

➤ 表現方法的不同

試考察將〔項目類別型〕資料表以〔01型〕資料表來表現。
今假定有如下的項目類別型資料表：

號碼	性別	血型
1	男	A
2	男	B
3	女	AB
4	女	A
5	女	O
6	男	A
7	女	AB

此表可以改寫成如下的01型資料表：

號碼	男	女	A	B	AB	O
1	1	0	1	0	0	0
2	1	0	0	1	0	0
3	0	1	0	0	1	0
4	0	1	1	0	0	0
5	0	1	0	0	0	1
6	1	0	1	0	0	0
7	0	1	0	0	1	0

此兩個資料表有相同的資訊，針對01型資料表應用對應分析的結果，與針對項目類別型資料應用多重對應分析的結果是相同的。

➤ 項目類別型資料表的解析

例題

就有關飲食的偏好實施了以下的意見調查。進行以下 6 個詢問。

Q1　您最喜歡哪一種酒類飲料？
　　1. 日本酒　2. 啤酒　3. 葡萄酒
Q2　您最喜歡哪一種飲食？
　　1. 日式　2. 中式　3. 西式
Q3　以喝酒類飲料時的佐料來說，您最喜歡何者？
　　1. 蔬菜　2. 巧克力　3. 乳酪
Q4　您最喜歡哪一種飲料？
　　1. 日本茶　2. 咖啡　3. 紅茶
Q5　味道的偏好是何者？
　　1. 淡味　2. 濃味
Q6　晚餐大多是在何處進食？
　　1. 自宅　2. 外面

　　對 20 人實施意見調查的回答結果做成一覽表，即為下頁的資料表。試對此資料，應用多重對應分析（multiple correspondence analysis）。

　　如本例題有數個詢問，各問詢採單一回答形式（從數個選項中只能選出一個），將回答者配置於列，問項配置於行，將回答結果做成一覽的資料表，稱為項目類別型資料表。
　　對於項目類別型資料表的對應分析，可以應用多重對應分析。

〈資料表〉

回答者	Q1	Q2	Q3	Q4	Q5	Q6
1	3	2	2	2	2	2
2	3	3	3	2	2	2
3	3	2	1	2	2	1
4	3	3	3	3	2	2
5	1	1	1	2	1	1
6	3	3	2	1	2	1
7	1	1	1	2	1	2
8	2	2	2	2	1	1
9	2	2	3	3	2	2
10	1	1	2	2	1	2
11	3	2	1	2	2	1
12	2	2	1	1	1	1
13	1	1	2	2	1	1
14	1	1	3	3	1	2
15	3	3	3	3	2	2
16	1	2	1	1	1	1
17	2	2	1	1	1	1
18	3	3	3	3	2	2
19	1	1	3	3	1	2
20	2	3	2	2	2	1

➢ 利用 SPSS 的多重對應分析的步驟

步驟 1　資料的輸入

	Q1	Q2	Q3	Q4	Q5	Q6	var
1	3	2	2	2	2	2	
2	3	3	3	2	2	2	
3	3	2	1	2	2	1	
4	3	3	3	3	2	2	
5	1	1	1	2	1	1	
6	3	3	2	1	2	1	
7	1	1	1	2	1	2	
8	2	2	2	2	1	1	
9	2	2	3	3	2	2	
10	1	1	2	2	1	2	
11	3	2	1	2	2	1	
12	2	2	1	1	1	1	
13	1	1	2	2	1	1	
14	1	1	3	3	1	2	
15	3	3	3	3	2	2	
16	1	2	1	1	1	1	
17	2	2	1	1	1	1	
18	3	3	3	3	2	2	
19	1	1	3	3	1	2	
20	2	3	2	2	2	1	

步驟 2　數值標記的設定

使用變數檢視的數值標記的機能，以如下設定數值的標記。

Q_1 的情形　　1→日本酒　　2→啤酒　　　3→葡萄酒

Q_2 的情形　　1→日式　　　2→中式　　　3→西式

Q_3 的情形　　1→蔬菜　　　2→巧克力　　3→乳酪

Q_4 的情形　　1→日本菜　　2→紅茶　　　3→咖啡

Q_5 的情形　　1→淡味　　　2→濃味

Q_6 的情形　　1→自宅　　　2→外面

步驟 3　分析的執行

1. 從〔分析〕的〔維度縮減〕點選〔最適尺度法〕，出現如下圖。

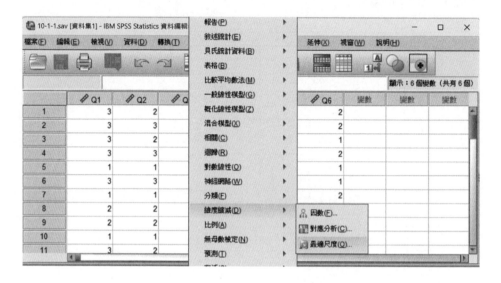

按一下〔定義〕。

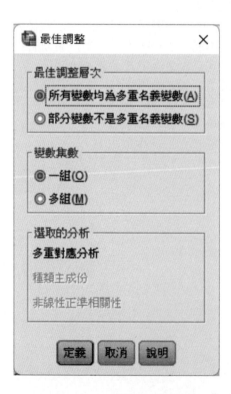

2. 輸出內容的設定
   決定要輸出的結果。

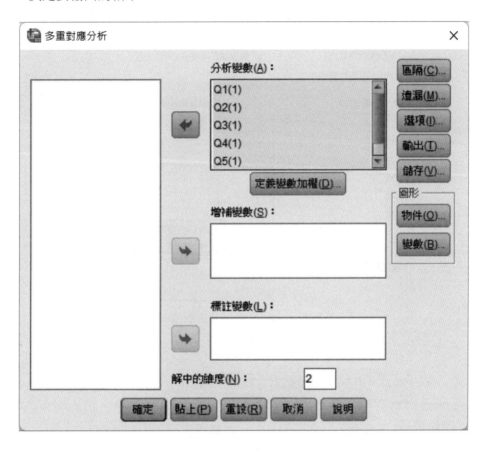

於〔分析變數〕中投入 $Q_1, Q_2, Q_3, Q_4, Q_5, Q_6$。〔解的維度〕此處設定 2。
按一下〔輸出〕紐。

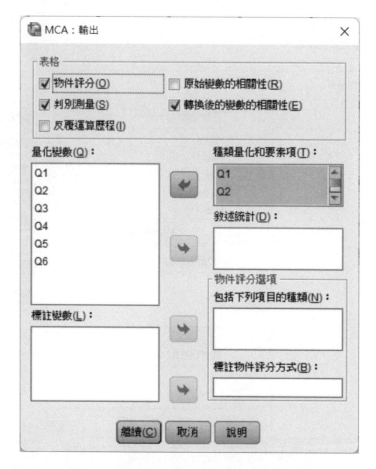

勾選〔物件評分〕、〔判別測量〕、〔轉換後變數的相關性〕。
於〔種類量化和要素項〕中投入 $Q_1, Q_2, Q_3, Q_4, Q_5, Q_6$。
按〔繼續〕。

3. 設定圖形
   決定要輸出的圖形。
   最初按一下〔物件〕。
   出現如下的對話框。

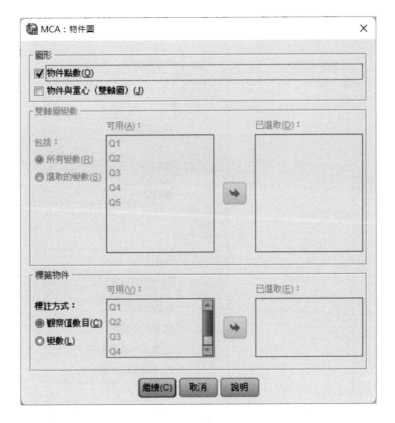

勾選〔物件點數〕，按〔繼續〕。

（註1）與對應分析的時候一樣，想製作個體（列）與變數（行）的同時布
　　　置圖時，也勾選〔個體與重心（biplot）〕。
（註2）想在個體的布置圖上提示各詢間的回答結果時，在〔個體的標記〕
　　　中勾選〔變數〕，於〔所選擇的變數〕中投入 $Q_1, Q_2, Q_3, Q_4, Q_5,$
　　　Q_6。

　　　其次，按一下〔變數〕。
　　　出現如下的對話框。

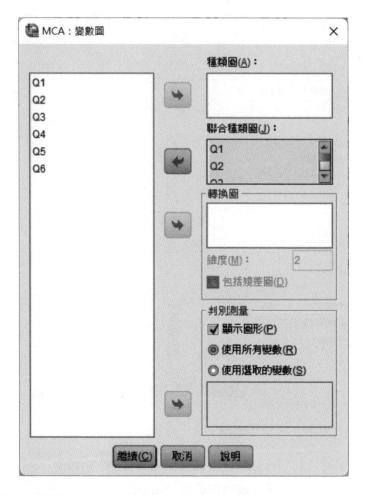

於〔聯合種類圖〕中投入 $Q_1, Q_2, Q_3, Q_4, Q_5, Q_6$。
按一下〔繼續〕鈕。
按一下〔確定〕鈕。

即可輸出多重對應分析的結果。

因此，將先前的例題改成 01 型資料表，應用對應分析的結果，與項目類別型資料表應用多重對應分析的結果予以對應顯示。

將例題改寫成 01 型資料表，即為如下。

Q1			Q2			Q3			Q4			Q5		Q6	
1	2	3	1	2	3	1	2	3	1	2	3	1	2	1	2
0	0	1	0	1	0	0	1	0	0	1	0	0	1	0	1
0	0	1	0	0	1	0	0	1	0	1	0	0	1	0	1
0	0	1	0	1	0	1	0	0	0	1	0	0	1	1	0
0	0	1	0	0	1	0	0	1	0	0	1	0	1	0	1
1	0	0	1	0	0	1	0	0	0	1	0	1	0	1	0
0	0	1	0	0	1	0	1	0	1	0	0	0	1	1	0
1	0	0	1	0	0	0	1	0	0	0	1	1	0	1	0
0	1	0	0	1	0	0	1	0	0	1	0	1	0	1	0
0	1	0	0	1	0	0	0	1	0	0	1	0	1	0	1
1	0	0	1	0	0	0	0	1	0	1	0	1	0	1	0
0	0	1	0	1	0	1	0	0	0	1	0	0	1	1	0
0	1	0	0	1	0	1	0	0	0	1	0	1	0	1	0
1	0	0	1	0	0	0	1	0	0	1	0	1	0	1	0
1	0	0	1	0	0	0	0	1	0	0	1	1	0	0	1
0	0	1	0	0	1	0	0	1	0	0	1	0	1	0	1
1	0	0	0	1	0	1	0	0	0	1	0	1	0	1	0
0	1	0	0	1	0	1	0	0	1	0	0	1	0	1	0
0	0	1	0	1	0	0	0	0	0	0	0	0	1	0	1
1	0	0	1	0	0	0	0	1	0	0	1	1	0	0	1
0	1	0	0	0	1	0	1	0	0	1	0	0	1	1	0

像本例題的複選回答的資料表，以行（變數）當作各選項，如選擇該選項時，以 1 表示，如不選該項時，以 0 表示的有很多。此種資料表本書稱為01 型資料表。只以 0 與 1 所表現的變數稱為指標變數或虛擬變數。

將 01 型資料表看成交叉表，即可應用對應分析。

本例題的情形，是將此資料表看成 20×16 的交叉表，進行解析。

■用長條圖的視覺化

於進行對應分析之前，將單純結果先以長條圖表現。

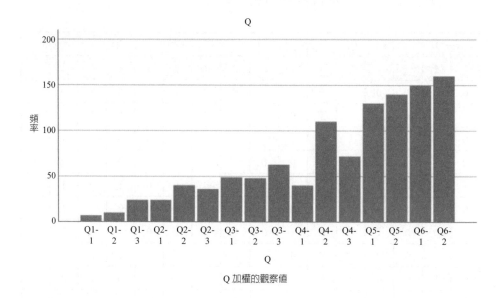

知酒類飲料 Q1 中以 Q1-3 最受喜愛，飲料 Q4 中以 Q4-2 最受喜愛，對於其他的飲食來說，看不出甚大的差異。

■對應分析的應用

因將 01 型資料表當作 25×9 的交叉表進行解析，因之於輸入 SPSS 時，無法以此種資料表的形式輸入，要以如下的形式輸入。

在資料表中第一列的回答者，因選擇 3，5，8，11，14，16，因之如下輸入。

1　3
1　5
1　8
1　11
1　14
1　16
其他類推。
數據檔請參 10-1-1-1。

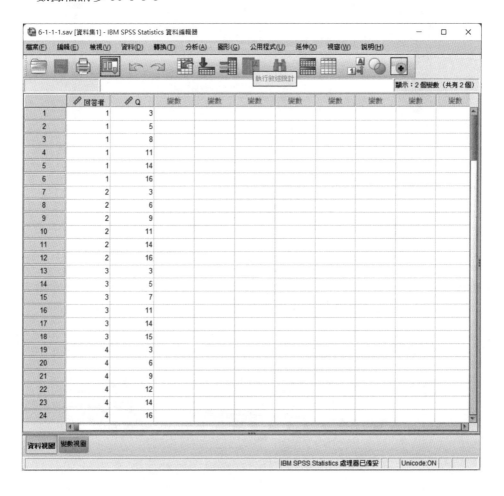

【SPSS 分析步驟】

步驟 1 從〔分析〕中點選〔維度縮減〕，再點選〔對應分析〕。

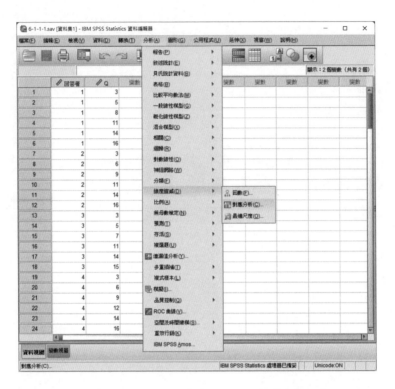

步驟 2 於列輸入回答者，按一下定義範圍，最小值輸入 1，最大值輸入 20。於定義列範圍的畫面中按更新，再按繼續，得出如下畫面。

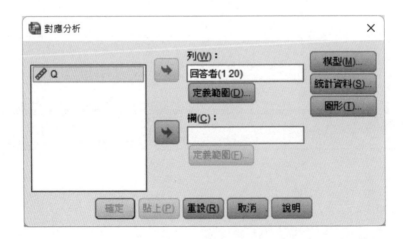

步驟 3 於欄中輸入 Q，按一下定義範圍，最小值輸入 1，最大值輸入 16。
於定義範圍的畫面中按更新，再按繼續，得出如下畫面。

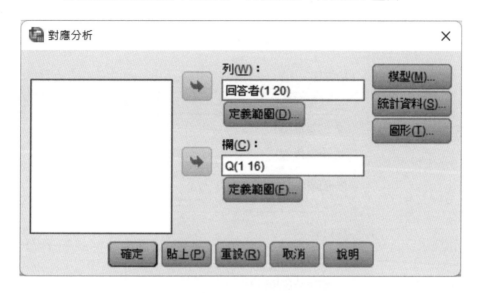

步驟 4 點一下統計資料，如下點選後，按繼續。

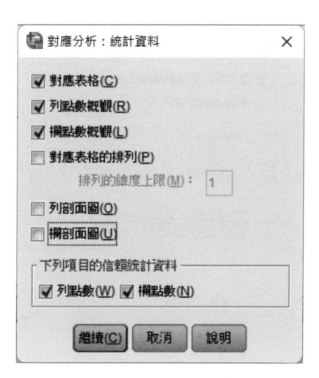

步驟 5 點一下圖形，於散佈圖中點選雙軸圖、列點數、欄點數。按繼續再按確定。

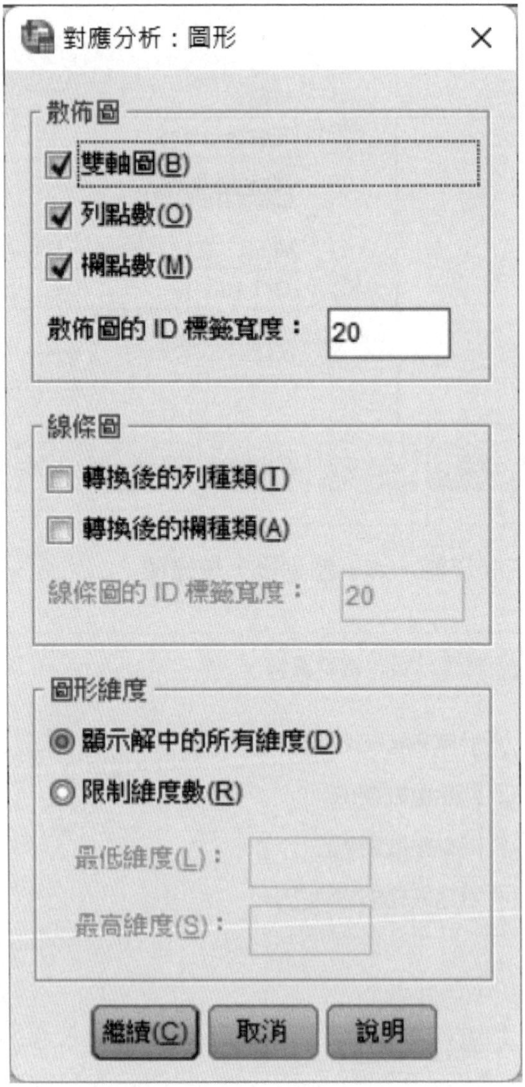

對應分析：圖形 ✕

散佈圖

☑ 雙軸圖(B)

☑ 列點數(O)

☑ 欄點數(M)

散佈圖的 ID 標籤寬度： 20

線條圖

☐ 轉換後的列種類(T)

☐ 轉換後的欄種類(A)

線條圖的 ID 標籤寬度： 20

圖形維度

◉ 顯示解中的所有維度(D)

◉ 限制維度數(R)

最低維度(L)：

最高維度(S)：

繼續(C)　取消　說明

(1)慣性（inertia）

Summary

Dimension	Singular Value	Inertia
1	.740	.548
2	.645	.417
3	.496	.246
4	.409	.168
5	.367	.135
6	.263	.069
7	.207	.043
8	.136	.019
9	.117	.014
10	.096	.009
Total		1.667

a. 285 degrees of freedom

Model Summary

Dimension	Cronbach's Alpha	Variance Accounted For Total (Eigenvalue)	Inertia	% of Variance
1	.835	3.287	.548	54.785
2	.720	2.500	.417	41.664
3	.387	1.476	.246	24.602
4	.007	1.006	.168	16.764
5	-.283	.809	.135	13.487
6	-1.691	.415	.069	6.919
7	-3.449	.258	.043	4.302
8	-9.556	.112	.019	1.860
9	-13.491	.082	.014	1.361
10	-20.464	.055	.009	.923
Total		10.000	1.667	
Mean	.000ª	1.000	.167	16.667

a. Mean Cronbach's Alpha is based on the mean Eigenvalue.

(2)行點數

〈01 型對應分析的結果〉　　　　　　　　　〈多重對應分析的結果〉

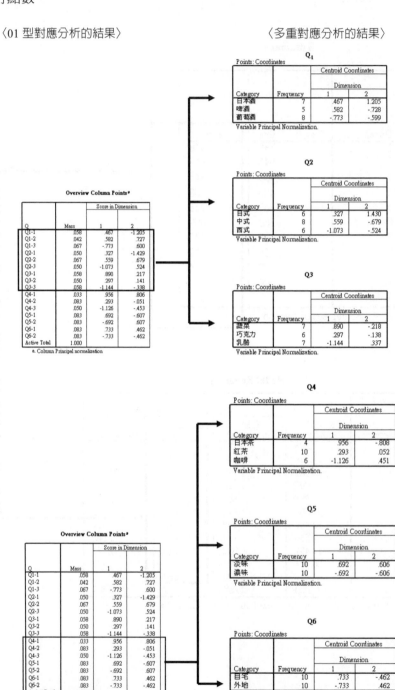

(3) 列點數

〈01 型對應分析的結果〉　　　　　　　　〈多重對應分析的結果〉

Overview Row Points^a

回答者	Score in Dimension	
	1	2
1	-.319	.605
2	-1.254	.352
3	.308	1.005
4	-1.686	.191
5	1.035	-1.045
6	-.168	1.256
7	.589	-1.415
8	.960	.540
9	-.777	.304
10	.409	-1.445
11	.308	1.005
12	1.342	.914
13	.855	-1.075
14	-.462	-1.797
15	-1.686	.191
16	1.307	.141
17	1.342	.914
18	-1.686	.191
19	-.462	-1.797
20	.043	.964
Active Total		

a. Column Principal normalization

Object Scores

Case Number	Dimension	
	1	2
1	-.319	-.602
2	-1.254	-.351
3	.308	-1.004
4	-1.686	-.192
5	1.035	1.046
6	-.168	-1.254
7	.589	1.415
8	.960	-.539
9	-.777	-.307
10	.409	1.448
11	.308	-1.004
12	1.342	-.917
13	.855	1.079
14	-.462	1.795
15	-1.686	-.192
16	1.307	-.143
17	1.342	-.917
18	-1.686	-.192
19	-.462	1.795
20	.043	-.961

Variable Principal Normalization.

　　得知概化變異數的數值是一致的。即使是關於行點數、列點數，1 維度的數值也是一致的。並且，關於 2 維度也有符號逆轉的地方，但數值幾乎是一致的。符號的逆轉本質上可以想成是一致的。數值的微妙差異，可以認為是SPSS 在多重對應分析中，因採用特殊的計算方法而造成的誤差。

➤ 全部是二項選擇的資料

　　對 20 人提示 6 種商品（A、B、C、D、E、F），讓他們選擇出所有喜歡的商品，進行此種有數個回答形式的意見調查，回答結果可以整理成如下的01 型資料表，數據檔請參 10-1-2-1。

〈01 型資料表〉

回答者	A	B	C	D	E	F
1	1	0	1	1	0	1
2	1	1	1	0	1	1
3	1	1	1	0	0	1
4	1	1	1	1	1	1
5	0	1	0	1	0	0
6	0	0	0	1	0	0
7	0	0	1	0	0	0
8	1	1	1	1	1	1
9	1	1	1	1	1	1
10	1	1	1	1	1	1
11	0	0	1	0	0	0
12	0	1	0	1	0	0
13	1	1	1	1	1	1
14	0	0	1	0	0	0
15	0	0	0	0	1	1
16	1	1	1	1	0	0
17	0	0	1	1	0	0
18	0	0	0	0	0	0
19	1	0	1	1	1	1
20	0	0	0	1	1	0

　　另一方面，此資料表如選擇該商品時表示 1，未選擇該商品表示 2 時，也可整理成如下的項目類別型資料表，數據檔請參 10-1-2-2。

〈項目類別型資料表〉

回答者	Q1	Q2	Q3	Q4	Q5	Q6
1	1	2	1	1	2	1
2	1	1	1	2	1	1
3	1	1	1	2	2	1
4	1	1	1	1	1	1
5	2	1	2	1	2	2
6	2	2	2	1	2	2
7	2	2	1	2	2	2
8	1	1	1	1	1	1
9	1	1	1	1	1	1
10	1	1	1	1	1	1
11	2	2	2	2	2	2
12	2	1	1	1	2	2
13	1	1	1	1	1	1
14	2	2	2	2	2	2
15	2	2	2	2	1	1
16	1	1	1	1	2	2
17	2	2	1	1	2	2
18	2	2	2	2	2	2
19	2	2	1	1	1	1
20	2	2	2	1	1	2

　　如果是 01 型資料表即以對應分析，如果是項目類別型資料表即以多重對應分析進行解析。

　　以兩種方法所解析的結果雖然不同（參照下頁的布置圖），但哪一種方法較好，則取決於詢問的目的不能一概而論。但從 SPSS 中資料輸入的觀點來看，項目類別型的輸入作業較為容易。並且，01 型資料表時，讀取未選擇的資訊較為困難。

　　布置圖顯示於下頁。對應分析是利用「行主成分常態化」計算點數，多重對應分析是利用「變數主成分」計算點數。

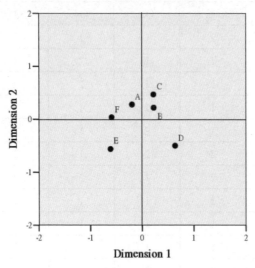

〈針對 01 型資料對應分析的布置圖〉

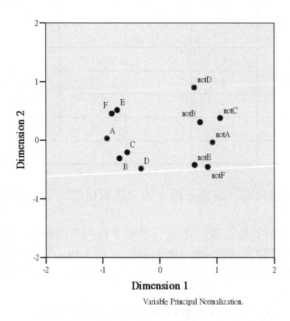

〈針對項目類別型資料多重對應分析的布置圖〉

10.2　應用例

➤ 數個回答與單一回答的混合

數個回答形式的詢問與單一回答形式的詢問在一個意見調查中一起實施的情形並不足奇，有時出現同時解析這些的情況。此時，即為解析 01 型資料與項目類別型資料混合在一起的資料表。

〈01 型與項目類別型混合的資料表〉

回答者	蕎麵	烏龍麵	咖哩	料理	酒類
1	1	1	0	日式	日本酒
2	1	0	1	中式	日本酒
3	0	0	1	中式	日本酒
4	1	1	1	日式	葡萄酒
5	0	0	1	西式	葡萄酒
6	0	1	1	西式	葡萄酒
7	1	1	1	日式	啤酒
8	0	0	1	中式	啤酒
9	0	1	0	日式	日本酒
10	1	1	1	中式	日本酒
11	0	1	1	日式	日本酒
12	0	1	0	中式	葡萄酒
13	0	0	1	中式	葡萄酒
14	0	1	1	日式	啤酒
15	1	1	0	日式	葡萄酒
16	0	1	1	日式	日本酒
17	1	1	1	西式	日本酒
18	1	1	1	西式	日本酒
19	0	1	0	西式	日本酒
20	0	0	1	西式	葡萄酒

此時可以考慮兩種方法：
1. 將項目類別型資料的部分改變成 01 型資料之後再解析
2. 將 01 型資料的部分改變成項目類別型資料之後再解析。

1. 的情形，做成如下的 01 型資料表：

回答者	蕎麵	烏龍麵	咖哩	日式	中式	西式	日本酒	葡萄酒	啤酒
1	1	1	0	1	0	0	1	0	0
2	0	0	0	0	1	0	1	0	0
3	1	1	1	0	1	0	1	0	0
4	0	1	0	1	0	0	0	1	0
5	0	1	1	0	0	1	0	1	0
6	1	1	1	0	0	1	0	1	0
7	1	1	1	1	0	0	0	0	1
8	0	0	0	0	1	0	0	0	1
9	0	0	0	1	0	0	1	0	0
10	0	0	0	0	1	0	0	0	1
11	0	0	0	1	0	0	0	0	1
12	0	1	0	0	1	0	0	1	0
13	0	0	0	0	1	0	0	1	0
14	0	0	0	1	0	0	0	0	1
15	0	0	0	1	0	0	0	1	0
16	0	0	1	1	0	0	1	0	0
17	0	0	0	0	0	1	0	0	1
18	0	0	0	0	0	1	0	0	1
19	0	1	0	0	0	1	0	0	1
20	0	0	0	0	0	1	0	1	0

對此表可應用對應分析。
另一方面，對於 2. 的情形來說，製作如下的項目類別型資料表，即可應用多重對應分析。

回答者	蕎麵	烏龍麵	咖哩	料理	酒類
1	1	1	2	1	1
2	2	2	2	2	1
3	2	2	1	2	1
4	2	2	2	1	2
5	2	2	1	3	2
6	2	1	1	3	2
7	2	2	2	1	3
8	2	2	2	2	3
9	2	2	2	1	1
10	2	2	2	2	3
11	2	2	2	1	3
12	2	1	2	2	2
13	2	2	2	2	2
14	2	2	2	1	3
15	2	2	2	1	2
16	2	2	1	1	1
17	2	2	2	3	3
18	2	2	2	3	3
19	2	1	2	3	3
20	2	2	2	3	2

此處，
蕎麵　　　1 = 選擇，2 = 未選擇
烏龍麵　　1 = 選擇，2 = 未選擇
咖哩　　　1 = 選擇，2 = 未選擇
料理　　　1 = 日式，2 = 中式，3 = 西式
酒類　　　1 = 日本酒，2 = 葡萄酒，3 = 啤酒

> ## 資料表的性質

【名義尺度與順序尺度】

請看以下的項目類別型資料表。

回答者	Q1	Q2	Q3
1	低	日式	日本酒
2	低	中式	日本酒
3	低	中式	日本酒
4	低	日式	葡萄酒
5	低	西式	葡萄酒
6	低	西式	葡萄酒
7	低	日式	啤酒
8	低	中式	啤酒
9	中	日式	日本酒
10	中	中式	啤酒
11	中	日式	啤酒
12	中	中式	葡萄酒
13	中	中式	葡萄酒
14	中	日式	啤酒
15	中	日式	葡萄酒
16	高	日式	日本酒
17	高	西式	啤酒
18	高	西式	啤酒
19	高	西式	啤酒
20	高	西式	葡萄酒

假定 Q1 是詢問血壓，Q2 是詢問喜好的壓力，Q3 是詢問喜好的酒類。

類別有順序時稱為順序尺度，無順序時稱為名義尺度。

Q1 是有低＜中＜高的順序，此即為順序尺度的資料。另一方面，Q2 與 Q3 是名義尺度的資料。不管是對應分析或是多重對應分析，順序尺度中的順序資訊並未有效活用。因此，運用順序尺度時，所得到的類別的點數的順

序，不一定與原來的順序一致，因此，此點也需要考量。

【資料的收集方法】

請看以下的交叉表。這是讓人回答所住的地區之詢問，與回答年齡的詢問，所進行之交叉累計的結果。

	臺北	臺中	臺南	高雄	合計
20-29 歲	45	27	23	25	120
30-39 歲	30	48	35	17	130
40 歲以上	15	35	42	18	110
合計	90	110	100	60	360

對應分析一般是針對此種表加以應用。

取決於如何收集資料，即使是相同的表，也可考慮以下 3 種。

1. 隨機選出 360 人，分成 12 種組合再累計。

	臺北	臺中	臺南	高雄	合計
20-29 歲					
30-39 歲					
40 歲以上					
合計					360

此時，在資料收集前已決定的只有總人數的 360。

2. 由各年齡層隨機抽出事前已決定的人數，按每一層累計地區。

	臺北	臺中	臺南	高雄	合計
20-29 歲					120
30-39 歲					130
40 歲以上					110
合計					

此時，在資料收集前每列的合計是已決定的。

3. 由各地區隨機抽出事前已決定的人數，再累計年齡。

	臺北	臺中	臺南	高雄	合計
20-29 歲					
30-39 歲					
40 歲以上					
合計	90	110	100	60	

此時，在資料的收集前每行的合計是已決定的。

如以上，即使是相同的交叉表，資料的收集方法也不一定相同，因之當考察對應分析的結果時，也要考慮此種資料的收集方法再解釋。

【回答形式】

請看以下的交叉表。這是 3 層（小學生、中學生、高中生）與喜好運動的交叉表。

	足球	棒球	網球	橄欖球
小學生	7	8	3	5
中學生	4	3	5	2
高中生	3	7	5	1

即使是只能選一種喜愛運動的單一回答形式，或可以選擇幾種喜愛運動的複數回答形式，同樣均為交叉表。不管是哪一種情形，對應分析都能應用。

可是，當一方是複數回答形式時，如下頁所示，將累計前的原始資料，看成項目類別型資料（小學生、中學生、高中生）與 01 型資料（足球、棒球、網球、橄欖球）混合在一起的資料表再解析是比較好的。

像這樣，對應分析與多重對應分析的區分，不只是以資料表的形式來判斷，也有需要考慮是何種回答形式的資料再決定。

〈累計前的原始資料〉

回答者	所屬	足球	棒球	網球	橄欖球
1	小學生	1	0	0	1
2	小學生	0	1	1	0
3	小學生	0	1	0	1
4	小學生	1	1	0	1
5	小學生	0	1	0	0
6	小學生	1	1	0	0
7	小學生	1	1	1	1
8	小學生	1	1	0	1
9	小學生	1	1	1	0
10	小學生	1	0	0	0
11	中學生	0	1	0	0
12	中學生	1	0	0	0
13	中學生	1	0	0	0
14	中學生	0	1	1	0
15	中學生	0	0	1	0
16	中學生	0	0	1	1
17	中學生	0	0	1	0
18	中學生	0	0	1	0
19	中學生	1	1	0	0
20	中學生	1	0	0	1
21	高中生	1	1	1	0
22	高中生	0	1	1	0
23	高中生	0	1	1	0
24	高中生	0	1	0	0
25	高中生	0	1	0	0
26	高中生	1	0	0	0
27	高中生	1	1	0	0
28	高中生	0	1	1	0
29	高中生	0	0	1	0
30	高中生	0	0	0	1

※ 多重對應分析中點數（score）的計算方法 ※

在多重對應分析中個體分數與變數分數的計算方法，有以下 4 種選項。

(1)〔變數之成分〕　　關心的重點在於變數間的相關（最常使用）
(2)〔個體之成分〕　　關心的重點在於個體間的類似性
(3)〔對稱的〕　　　　關心的重點在於個體與變數間的關係
(4)〔獨立〕　　　　　想分別調查個體間的類似性與變數間的相關

第 11 章
聯合分析

本章內容

11.1 前言

使用 SPSS 的**聯合分析**（conjoint analysis），在意見調查的問項中，可以進行調查受訪者是將哪一個問項視為最重要的項目。

因此，聯合分析在以下的領域中經常加以利用：

* 市場調查
* 行銷研究

聯合分析也可以說是分析消費者偏好的統計手法。

使用以下的問卷，在以下的 6 個項目中，

〔寄宿費〕、〔接近性〕、〔氣氛〕、〔服務〕、〔設備〕、〔飲食〕

探討受訪者是將哪一項目當作最重要的項目。

表 11.1.1　問卷

項目1　你重視渡假飯店的寄宿費？ 　　　　1. 重視　2. 不重視　　　　　　　　　　　　　　　　　　　　　　〔寄宿費〕
項目2　你重視離車站近嗎？ 　　　　1. 重視　2. 不重視　　　　　　　　　　　　　　　　　　　　　　〔接近性〕
項目3　你重視渡假飯店客房內的氣氛嗎？ 　　　　1. 重視　2. 不重視　　　　　　　　　　　　　　　　　　　　　　〔氣氛〕
項目4　你重視渡假飯店的服務？ 　　　　1. 重視　2. 不重視　　　　　　　　　　　　　　　　　　　　　　〔服務〕
項目5　你重視渡假飯店的設備嗎？ 　　　　1. 重視　2. 不重視　　　　　　　　　　　　　　　　　　　　　　〔設備〕
項目6　你重視渡假飯店的飲食嗎？ 　　　　1. 重視　2. 不重視　　　　　　　　　　　　　　　　　　　　　　〔飲食〕

■聯合分析能知道的事項

進行聯合分析，可以知道以下事項：

1. 可以調查各受訪者在 6 個項目中，重視哪一個項目？
2. 可以調查全體受訪者在 6 個項目之中，重視哪一個項目？
3. 能比較檢討男性與女性的受訪者，在寄宿費到飲食之中，重視哪一個項

目？

4. 能比較檢討各個世代的受訪者，在寄宿費到飲食之中，重視哪一個項目？

■聯合分析與複迴歸分析的關係

聯合分析的模型，形成如下的形式：

$$y = 常數 + \begin{cases} 係數 * 項目 1 的類別 1 \\ 係數 * 項目 2 的類別 2 \end{cases} + \cdots + \begin{cases} 係數 * 項目 p 的類別 1 \\ 係數 * 項目 p 的類別 2 \end{cases}$$

因此，聯合分析的模型是對應以下的線性複迴歸分析中的自變數為類別數據的情形。

$$y = 常數 + 係數 * 自變數 1 + \cdots + 係數 * 自變數 p$$

以下聯合分析的效用值估計之範圍，與複迴歸分析的未標準化係數 (B) 是一致的，試比較〔氣氛〕即可得知 (1.375 − (−1.375) = 2.750)。

受試者 1：F1

公用程式

		效用值	標準錯誤
寄宿費	重視	.125	.125
	不重視	-.125	.125
接近性	重視	.375	.125
	不重視	-.375	.125
氣氛	重視	1.375	.125
	不重視	-1.375	.125
服務	重視	.625	.125
	不重視	-.625	.125
設備	重視	.375	.125
	不重視	-.375	.125
飲食	重視	.125	.125
	不重視	-.125	.125
（常數）		3.125	.125

係數 a

模型		非標準化係數		標準化係數	T	顯著性
		B	標準錯誤	B		
1	（常數）	1.375	.331		4.158	.150
	寄宿費	.250	.250	.077	1.000	.500
	接近	.750	.250	.232	3.000	.205
	氣氛	2.750	.250	.851	11.000	.058
	服務	-1.250	.250	-.387	-5.000	.126
	設備	.750	.250	.232	3.000	.205
	飲食	.250	.250	.077	1.000	.500

a. 應變數：評價

	🖋 寄宿費	🖋 接近	🖋 氣氛	🖋 服務	🖋 設備	🖋 飲食	🖋 評價
1	1.00	.00	.00	.00	.00	1.00	2.00
2	.00	.00	.00	1.00	1.00	.00	1.00
3	.00	.00	1.00	1.00	.00	1.00	3.00
4	1.00	1.00	1.00	1.00	1.00	1.00	5.00
5	.00	1.00	1.00	.00	.00	.00	5.00
6	1.00	.00	1.00	.00	1.00	.00	5.00
7	1.00	1.00	.00	1.00	.00	.00	1.00
8	.00	1.00	.00	.00	1.00	1.00	3.00

〔註〕card 1 到 card 8 是正規卡，card 9 及 card 10 是保留卡（holdout card），複迴歸分析是以 8 張正規卡片進行分析的。此處是就 F1 對 8 張卡的〔評分〕作為應變數，將 6 個項目改成〔虛擬變數〕作為自變數。

模型摘要

模型	R	R 平方	調整後 R 平方	標準標準誤
1	.997[a]	.994	.958	.35335

a. 解釋變數：（常數），飲食，設備，服務，氣氛，接近，寄宿費

變異數分析 [a]

模型		平方和	自由度	均方	F	顯著性
1	迴歸	20.750	6	3.458	27.667	.145[b]
	殘差	.125	1	.125		
	總計	20.875	7			

a. 應變數：評價

b. 解釋變數：（常數），飲食，設備，服務，氣氛，接近，寄宿費

係數 [b]

模型		非標準化係數		標準化係數 β	T	顯著性
		B	標準錯誤			
1	（常數）	1.375	.331		4.158	.150
	寄宿費	.250	.250	.077	1.000	.500
	接近	.750	.250	.232	3.000	.205
	氣氛	2.750	.250	.851	14.000	.058
	服務	-1.250	.250	-.387	-5.000	.126
	設備	.750	.250	.232	3.000	.205
	飲食	.250	.250	.077	1.000	.500

a. 應變數：評價

■**聯合卡**

　　聯合分析與一般的意見調查不同，是利用稱爲**聯合卡**（conjoint card）的方式來進行。聯合卡的形式如下的卡片。

```
聯合卡 NO.1
選擇渡假飯店時，以下項目的組合，您是如何評估的呢？
寄宿費…………………………重視
接近性…………………………不重視
客房內的氣氛…………………不重視
服務……………………………不重視
設備……………………………不重視
飲食……………………………重視
請以 5 級評估此組合。
　　評分 5 分……是最高的評分。
　　評分 1 分……是最低的評分
您的評分是_____分
```

```
聯合卡 NO.10
選擇渡假飯店時，以下項目的組合，您是如何評估的呢？
寄宿費…………………………重視
接近性…………………………重視
客房內的氣氛…………………不重視
服務……………………………重視
設備……………………………重視
飲食……………………………重視
請以 5 級評估此組合。
　　評分 5 分……是最高的評分。
　　評分 1 分……是最低的評分
您的評分是_____分
```

　　此種聯合卡是以 SPSS 製作，再將聯合卡分發給受訪者，以 5 級設定順位。此處是以 5 級進行評估。

■**聯合分析的流程**

　　SPSS 聯合分析的步驟，整理如下：

步驟 1　編寫製作的聯合卡所使用的語法，再儲存。

步驟 2　執行製作聯合卡的語法。製作聯合卡後儲存。

步驟 3　將聯合卡分發給受訪者，讓其評估。

步驟 4　將評估結果輸入 SPSS 之中。

步驟 5　製作聯合分析所用的語法，執行聯合分析。

■得出 SPSS 的輸出時

如得出 SPSS 的輸出時，要確認以下幾點：

要點 1　確認每位受訪者的重要度。

要點 2　確認受訪者的組 1（例如：女性）的重要度。

要點 3　確認受訪者的組 2（例如：男性）的重要度。

要點 4　確認全體受訪者的重要度。

最後，將這些結果整理在報告中，分析即完成。

■聯合卡的評估結果與 SPSS 的數據輸入

聯合卡經由受訪者評估的分數（score）如下輸入 SPSS 的數據檔中。

【數據輸入】

	性別	調查回答者	card1	card2	card3	card4	card5	card6	card7	card8	card9	card10
1	1	F1	2	1	3	5	5	5	1	3	5	1
2	1	F2	5	1	4	5	5	3	2	4	2	4
3	1	F3	3	4	1	3	1	5	3	2	3	3
4	1	F4	5	1	4	5	5	3	2	4	2	4
5	1	F5	2	4	2	3	3	4	2	1	1	2
6	2	M1	3	4	1	2	2	5	3	1	2	3
7	2	M2	2	4	4	4	1	3	5	3	4	1
8	2	M3	2	3	1	3	2	4	3	4	4	1
9	2	M4	4	5	3	4	2	4	4	2	3	3
10	2	M5	3	4	1	3	1	5	5	2	3	3
11												
12												
13												
14												
15												
16												

〔註〕SPSS 聯合卡的評估方式有以下 3 種：

    (1) score：每一張卡片設定評分。

    (2) rank：每一張卡片設定順位。

    (3) preference：依照偏好的順位記錄卡片號碼。

SPSS 聯合分析的體系整理如下：

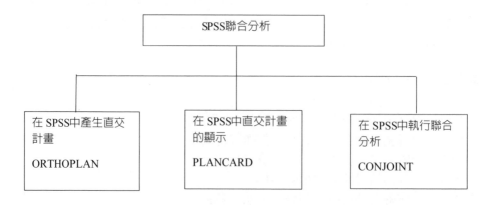

11.2 利用SPSS的聯合分析

【統計處理的步驟】

步驟 1 首先，將想到分析的數據提示於畫面上。

	性別	調查回答者	card 1	card 2	card 3	card 4	card 5	card 6	card 7	card 8	card 9	card 10
1	1	F1	2	1	3	5	5	5	1	3	5	1
2	1	F2	5	1	4	5	5	3	2	4	2	4
3	1	F3	3	4	1	3	1	5	3	2	3	3
4	1	F4	5	1	4	5	5	3	2	4	2	4
5	1	F5	2	4	2	3	3	4	2	1	1	2
6	2	M1	3	4	1	2	2	5	3	1	2	3
7	2	M2	4	4	4	4	1	3	5	3	4	1
8	2	M3	2	3	1	3	2	4	3	4	4	1
9	2	M4	4	5	3	4	2	4	4	2	1	3
10	2	M5	3	4	1	1	5	5	2	3	3	3
11												
12												
13												
14												
15												
16												

〔註〕想將〔調查回答者〕的中文用詞改成英文名稱的〔ID〕時，可使用
　　 SPSS 中的〔變換 (T)〕中的〔計算變數 (C)〕，將〔目標變數 (T)〕輸
　　 入 ID，〔數值表示式 (E)〕輸入 $Casenum 即可。

步驟 2 其次，為了製作執行聯合診斷的語法，從〔檔案 (F)〕選擇〔新建
　　 (N)〕，再選擇〔語法 (S)〕。

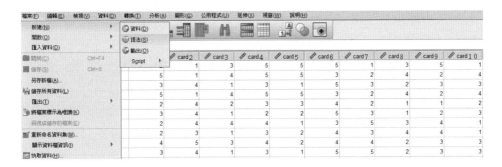

步驟 3　如提示語法的畫面時，輸入聯合卡的位址與檔名。

〔註〕此處的 xxx 可從電腦桌面中的內容即可得知路徑中使用的名稱。另外，要以半形字元輸入，且要使用語法所提供的指令字元，否則會出現無法辨識指令的訊息。

Conjoint plan='c:\users\xxx\desktop\hotel conjoint card.sav'

步驟 4　接著，由於想分析的數據已備妥，因之如下輸入：

／data=*

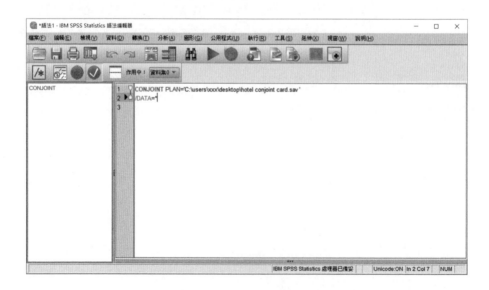

步驟 5 聯合卡是針對 5 級評分的 10 張卡，因之輸入：
/score =card1 to card10

〔註〕保留卡的目的是用於確認模式的良好程度，分析時除了正規卡外也要
將保留卡一同加入分析，因之共有 10 張卡片。

步驟 6 接著，將受訪者與項目名如下輸入：
/subject= 調查回答者
/factors= 寄宿費 接近性 氣氛 服務 設備 飲食（discrete）

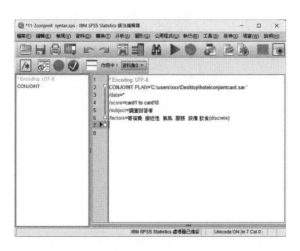

〔註〕屬性的水準若是分類型則使用 discrete 模式，以及水準若是數值型則
使用 linear 模式。

步驟 7　接著，輸入：
/print all.

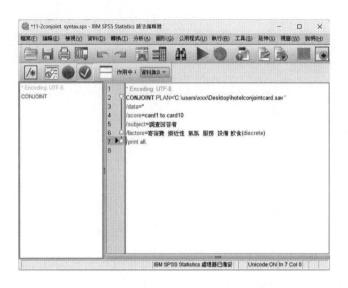

步驟 8　最後，執行此語法。

從清單的〔執行 (R)〕選擇〔全部 (A)〕時，按〔執行 (R)〕，即開始執行語法。

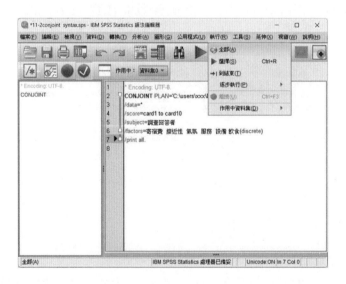

【SPSS 輸出・1】

受度著 1：F1 ←── ①

公用程式

		效用值	標準錯誤
寄宿費	重視	.125	.125
	不重視	-.125	.125
接近性	重視	.375	.125
	不重視	-.375	.125
氣氛	重視	1.375	.125
	不重視	-1.375	.125
服務	重視	-.625	.125
	不重視	.625	.125
設備	重視	.375	.125
	不重視	-.375	.125
飲食	重視	.125	.125
	不重視	-.125	.125
（常數）		3.125	.125

←── ②

重要性值

寄宿費	4.167
接近性	12.500
氣氛	45.833
服務	20.833
設備	12.500
飲食	4.167

←── ③

相關性 [a]

	值	顯著性
Pearson's R	.997	.000
Kendall's tau	.941	.001
保留的 Kendall's tau	1.000	

←── ④
←── ⑤

a. 觀察偏好與估計偏好之間的相關性

【輸出結果的判讀・1】

①這是女性受訪者 F1 的聯合分析結果。

②效用評估值的「重視」與「不重視」之差越大，越是重要項目。

〔氣氛〕的範圍…1.375 − (−1.375) = 2.75

〔服務〕的範圍…0.625 − (−0.625) = 1.25

6 個項目的範圍的合計…6

③從效用估計值的範圍，計算重要度

$$〔氣氛〕…… = \frac{〔氣氛〕的範圍}{6 個項目的範圍合計} \times 100$$

$$= \frac{2.75}{6} = 45.833$$

$$〔服務〕…… = \frac{〔服務〕的範圍}{6 個項目的範圍合計} \times 100$$

$$= \frac{1.25}{6} = 11.833$$

受訪者 F1 重視〔氣氛〕與〔服務〕。

④受訪者的評定與利用聯合模型的預測兩者之間的相關係數為 0.997。

此值越接近 1，可以認為

「受訪者的評定與利用聯合模型的預測是一致的」。

⑤Kendall 的順位相關係數 0.941 是顯示效用估計值的信度。

此值最好接近 1。

【SPSS 輸出‧2】

整體的統計量（女性組與男性組）

重要性值

寄宿費	14.853
接近性	13.957
氣氛	17.317
服務	17.285
設備	17.544
飲食	19.044

平均重要性分數

 ⑥

整體的統計量（女性組）

重要性值

寄宿費	9.205
接近性	14.886
氣氛	23.068
服務	13.750
設備	16.705
飲食	22.386

平均重要性分數

 ⑦

整體的統計量（男性組）

重要性值

寄宿費	20.501
接近性	13.028
氣氛	11.565
服務	20.821
設備	18.384
飲食	15.701

平均重要性分數

 ⑧

〔註〕選擇觀察值的步驟
資料 (D) →選擇觀察值 (S) →如果滿足條件→如果 (I)

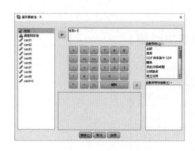

【輸出結果的判讀・2】

⑥全體的統計量（女性組與男性組的全體）

全體重要度高的項目是

〔飲食〕…19.044，〔設備〕…17.544

因之，以全體來說，重視的是〔飲食〕與〔設備〕。

如觀察男女各組時，

⑦全體的統計量（女性組）

女性組重要度高的項目是

〔氣氛〕…23.068，〔飲食〕…22.386

得知，女性組重視的是〔氣氛〕與〔飲食〕。

⑧全體的統計量（男性組）

男性組重要度高的項目是

〔服務〕…20.821，〔寄宿費〕…20.501

得知，男性組是重視〔服務〕與〔寄宿費〕

因此「取決於性別，選擇飯店時，重視的項目可以看出是有差異的」。

另外，對於〔接近性〕來說，男性與女性似乎不甚重視。

11.3　聯合卡的製作與儲存

步驟 1　要製作聯合卡時，從〔檔案 (F)〕選擇〔新建 (N)〕，再選擇〔語法 (S)〕。

步驟 2 變成如下畫面時，首先輸入變數名稱。

步驟 3 製作模擬卡（simulation card），此處當作 0 張模擬卡。Begin data 與 End data 的中間不輸入。

步驟 4 其次，為了製作直交計畫，輸入指令與變數名稱及其水準。

步驟 5 輸入保留卡（holdout card），此處當作 2 張保留卡。

〔註〕保留卡的目的是用於確認模式的信度，分析時除了正規卡外也要將保留卡一同加入分析。

步驟 6 如下輸入指令以儲存與輸出的位置。

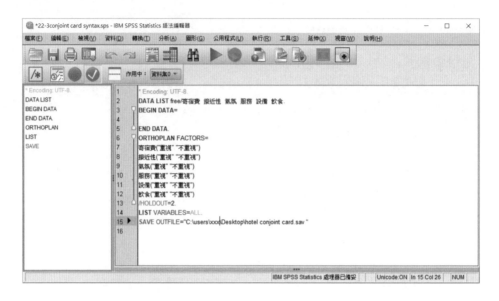

步驟 7 最後，從〔執行 (R)〕選擇〔全部 (A)〕，即執行語法。

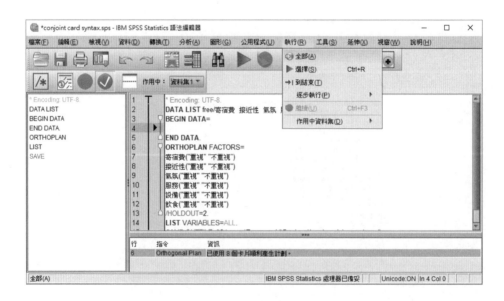

【SPSS 輸出】聯合卡

正交計劃

警告

已使用 8 個卡片順利產生計劃。

LIST VARIABLES=ALL.

清單

寄宿費	接近性	氣氛	服務	設備	飲食	STATUS_	CARD_	
1.00	1.00	2.00	2.00	2.00	2.00	0	1
1.00	2.00	1.00	1.00	2.00	2.00	0	2
2.00	2.00	2.00	1.00	1.00	2.00	0	3
2.00	1.00	1.00	2.00	1.00	2.00	0	4
2.00	1.00	2.00	1.00	2.00	1.00	0	5
2.00	2.00	1.00	2.00	2.00	1.00	0	6
1.00	1.00	1.00	1.00	1.00	1.00	0	7
1.00	2.00	2.00	2.00	1.00	1.00	0	8
1.00	2.00	2.00	1.00	1.00	2.00	1	9
1.00	1.00	1.00	2.00	2.00	2.00	1	10

〔註〕0 表正規卡，1 表保留卡，2 表模擬卡，此處未設定，故未出現 2。

在 SPSS 的數據檔中，如下做出聯合卡。

	寄宿費	接近性	氣氛	服務	設備	飲食	STATUS_	CARD_
1	1.00	2.00	2.00	2.00	2.00	1.00	0	1
2	2.00	2.00	2.00	1.00	1.00	2.00	0	2
3	2.00	2.00	1.00	1.00	2.00	1.00	0	3
4	1.00	1.00	1.00	1.00	1.00	1.00	0	4
5	2.00	1.00	1.00	2.00	2.00	2.00	0	5
6	1.00	2.00	1.00	2.00	1.00	2.00	0	6
7	1.00	1.00	2.00	1.00	2.00	2.00	0	7
8	2.00	1.00	2.00	2.00	1.00	1.00	0	8
9	2.00	1.00	1.00	2.00	2.00	1.00	1	9
10	1.00	1.00	2.00	1.00	1.00	1.00	1	10

此時如顯示數值標記時，即成為如下。

	🔧 寄宿費	🔧 接近性	🔧 氣氛	🔧 服務	🔧 設備	🔧 飲食	🔧 STATUS_	🔧 CARD_
1	重視	不重視	不重視	不重視	不重視	重視	設計	1
2	不重視	不重視	不重視	重視	重視	不重視	設計	2
3	不重視	不重視	重視	重視	不重視	重視	設計	3
4	重視	重視	重視	重視	重視	重視	設計	4
5	不重視	重視	重視	不重視	不重視	不重視	設計	5
6	重視	不重視	重視	重視	不重視	不重視	設計	6
7	重視	重視	不重視	重視	不重視	不重視	設計	7
8	不重視	重視	不重視	不重視	重視	重視	設計	8
9	不重視	重視	重視	不重視	不重視	重視	保留	9
10	重視	重視	不重視	重視	重視	重視	保留	10

一面觀看此輸出，一面做出 10 張如前面所顯示的聯合卡。

Tea Break

　　聯合分析是一種很重要的市場調查工具，是現代經理人需要具備的職能。可是使用聯合分析模型來進行市場模擬，並且實際操作市場區隔、產品設計與產品線規劃。

11.4 計畫卡的製作與儲存

步驟 1 其次為了製作計畫卡（plancard）的語法，從〔檔案 (F)〕選擇〔新建 (N)〕，再選擇〔語法 (S)〕。

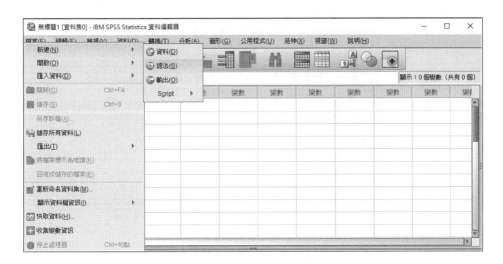

步驟 2 如顯示語法的畫面時，輸入設計卡的屬性（項目）。

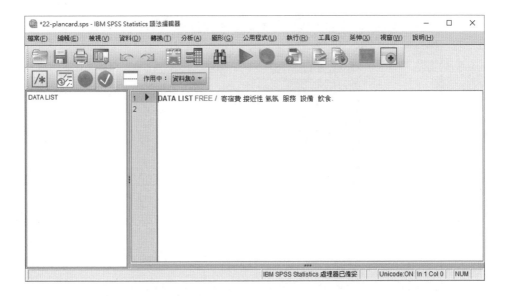

步驟 3 接著,輸入屬性名稱及標註。

步驟 4 接著,輸入所有屬性各水準的數值與標註。

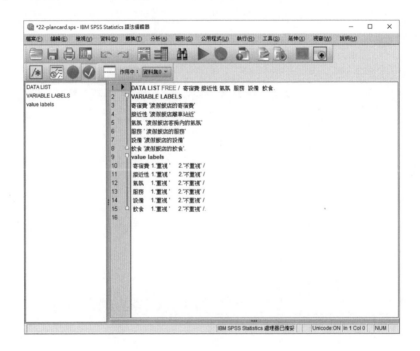

步驟 5 接著，在 Begin data 與 End data 之中輸入直交計畫。

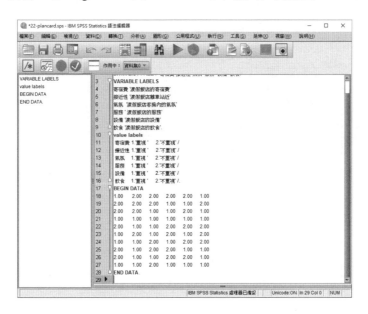

步驟 6 接著，輸入
PLANCARD FORMAT=CARD

〔註〕輸出格式有 3 種，list 是以一覽表形式輸出，CARD 是以單一卡片輸出，BOTH 是以一覽表及單一卡片兩種形式輸出。BOTH 與 All 是相同的。

步驟 7 接著，如下輸入：

/TITLE=' 此卡片的號碼是)CARD""

'對住宿飯店的要求是重視什麼？'

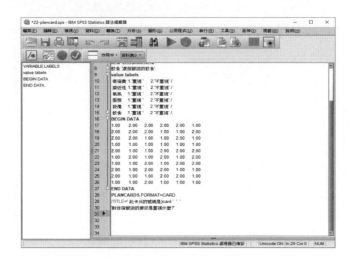

〔註〕)CARD 要連著打不要分開。

步驟 8 如下輸入：

'對住宿飯店的要求是重視什麼？'

/FOOTER=' 以 5 級評價，其中'

'5: 最高評價'

'1: 最低評價'

' '

'此卡片的評價是：---------'

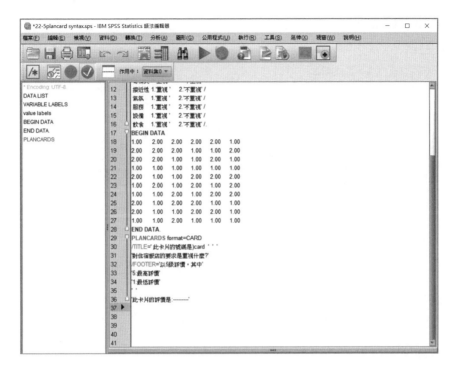

〔註〕以半形字元輸入，''表此列空出。

步驟9 如下輸入：

/OUTFILE='C:/users/xxx/desktop/hospital.doc'

步驟 10 如下輸入：

/pagenate .

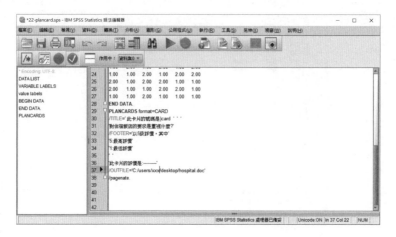

〔註〕此指令只在卡片形式的輸出才有效。結束時要有句點。

步驟 11 最後，執行此語法。

從清單的〔執行 (R)〕選擇〔全部 (A)〕時，即開始執行語法。

 Tea Break

寫語法時，要注意字元的大小及逗點的有無，最好以英文輸入比較不會發生失誤。

【SPSS 輸出】

計畫卡

剖面圖編號 1：此卡片的號碼是 1

卡片	渡假飯店的寄宿費	渡假飯店離車站近	渡假飯店客房內的氣氛	渡假飯店的服務	渡假飯店的設備	渡假飯店的飲食
	重視	不重視	不重視	不重視	不重視	重視

以 5 級評價

剖面圖編號 2：此卡片的號碼是 2

卡片	渡假飯店的寄宿費	渡假飯店離車站近	渡假飯店客房內的氣氛	渡假飯店的服務	渡假飯店的設備	渡假飯店的飲食
	不重視	不重視	不重視	重視	重視	不重視

以 5 級評價

剖面圖編號 3：此卡片的號碼是 3

卡片	渡假飯店的寄宿費	渡假飯店離車站近	渡假飯店客房內的氣氛	渡假飯店的服務	渡假飯店的設備	渡假飯店的飲食
	不重視	不重視	重視	重視	不重視	重視

以 5 級評價

⋮
⋮

　　另外，桌面出現有 hospital.doc 的檔案，開啟後出現如下的單一卡片。使用〔列印〕即可輸出每一張卡片，利用此卡片即可收集數據。

【word 的輸出】

此卡片的號碼是 1

對住宿飯店的要求是重視什麼?

渡假飯店的寄宿費　重視
渡假飯店離車站近　不重視
渡假飯店客房內的氣氛　不重視
　渡假飯店的服務　不重視
渡假飯店的設備　不重視
渡假飯店的飲食　重視

以 5 級評價，其中
5:最高評價
1:最低評價

此卡片的評價是:---------

:

此卡片的號碼是 10

對住宿飯店的要求是重視什麼?

渡假飯店的寄宿費　重視
渡假飯店離車站近　重視
渡假飯店客房內的氣氛　不重視
　渡假飯店的服務　重視
渡假飯店的設備　重視
渡假飯店的飲食　重視

以 5 級評價，其中
5:最高評價
1:最低評價

此卡片的評價是:---------

第 12 章
Logistic迴歸分析

本章內容

12.1 Logistic迴歸分析簡介

所謂的迴歸分析是指在說明變量 $x_1, x_2, ..., x_p$ 與目的變量 y 之間建立

$$\log \frac{y}{1-y} = \beta_1 x_1 + \beta_2 x_2 + ... + \beta_p x_p + \beta_0$$

或者

$$\frac{y}{1-y} = Exp(\beta_1 x_1 + \beta_2 x_2 + ... + \beta_p x_p + \beta_0)$$

之關係式的手法。

Tea Break

Logistic（羅吉斯）迴歸用於機器學習（ML）可幫助建立準確預測，它類似線性迴歸，不同之處在於其目標變數不是圖形結果，而是二元的，數值為 1 或 0。

可測量變數有兩種類型，一種是解釋變數／特徵（欲測量的項目），另一種是反應變數／目標二元變數（即結果）。

例如，當試圖預測某位學生考試是否及格或失敗時，念書的時數是特徵，反應變數則有兩個值：及格或失敗。

Logistic 迴歸有 3 種基本類型：

1. 二元 Logistic 迴歸：這種迴歸的分類反應只有兩種可能結果。如上例所示：學生及格或失敗。

2. 多元 Logistic 迴歸：這種迴歸的反應變數可以包含 3 個或更多變數，變數之間沒有排列順序。以預測餐廳的用餐者為例，用餐者是否更喜歡某種食物：蔬食、肉食或純素食。

3. 順序 Logistic 斯迴歸：與多元迴歸一樣，可以有 3 個或更多變數，但是測量值依順序排列。以酒店評級為例，分為 1 至 5 等級。

以下的變數變換，稱為 Logistic 變換。

$$y \to \log \frac{y}{1-y}$$

但是，迴歸分析的模式是像以下的 1 次式，即

$$y = \beta_1 x_1 + \beta_2 x_2 + ... + \beta_p x_p + \beta_0$$

因此，Logistic 迴歸分析感覺上是以下兩種方法的合成，即

Logistic 變換 + **迴歸分析**。

表 12.1.1

y	$\log(y/(1-y))$
0.001	−6.9067548
0.005	−5.2933048
0.01	−4.5951199
0.05	−2.944439
0.1	−2.1972246
0.15	−1.7346011
0.2	−1.3862944
0.25	−1.0986123
0.3	−0.8472979
0.35	−0.6190392
0.4	−0.4054651
0.45	−0.2006707
0.5	0
0.55	0.2006707
0.6	0.40546511
0.65	0.61903921
0.7	0.84729786
0.75	1.09861229
0.8	1.38629436
0.85	1.73460106
0.9	2.19722458
0.95	2.94443898
0.99	4.59511985
0.995	5.29330482
0.999	6.90675478

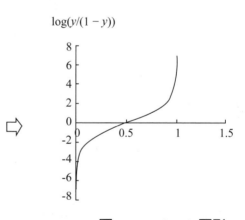

圖 4.1.1　Logit 圖形

■Logistic 迴歸係數 β 的意義

Logistic 迴歸係數 β 是意謂什麼？

因此，在 Logistic 迴歸式，

$$\log \frac{y}{1-y} = \beta_1 x_1 + \beta_2 x_2 + \beta_3 x_3 + \beta_0$$

的 (x_1, x_2, x_3) 中分別代入 $(1,1,1)$ 與 $(1,2,1)$ 看看。

1. (x_1, x_2, x_3) 中代入 $(1,1,1)$ 時

$$\log \frac{y_1}{1-y_1} = \beta_1 \cdot 1 + \beta_2 \cdot 1 + \beta_3 \cdot 1 + \beta_0$$

$$= \beta_1 + \beta_2 + \beta_3 + \beta_0$$

2. (x_1, x_2, x_3) 中代入 $(1,2,1)$ 時

$$\log \frac{y_2}{1-y_2} = \beta_1 \cdot 1 + \beta_2 \cdot 2 + \beta_3 \cdot 1 + \beta_0$$

$$= \beta_1 + 2\beta_2 + \beta_3 + \beta_0$$

將此 2 式相減時，

$$\log \frac{y_2}{1-y_2} - \log \frac{y_1}{1-y_1} = (\beta_1 + 2\beta_2 + \beta_3 + \beta_0) - (\beta_1 + \beta_2 + \beta_3 + \beta_0)$$

$$\log \frac{y_2}{1-y_2} - \log \frac{y_1}{1-y_1} = \beta_2$$

$$\log \frac{\dfrac{y_2}{1-y_2}}{\dfrac{y_1}{1-y_1}} = \beta_2$$

其中，$\dfrac{y_1}{1-y_1}$ 稱為 odds，$\dfrac{\dfrac{y_2}{1-y_2}}{\dfrac{y_1}{1-y_1}}$ 稱為 odds 比，$\log \dfrac{\dfrac{y_2}{1-y_2}}{\dfrac{y_1}{1-y_1}}$ 稱為對數 odds 比。

換言之，β_2 是表示

$\beta_2 = $ 說明變量 x_2 只變化 1 單位時的對數 odds 比。

將對數 odds 比變換成 odds 比時，即為，

$$\frac{\dfrac{y_2}{1-y_2}}{\dfrac{y_1}{1-y_1}} = \exp(\beta_2)$$

將分母移項時，

$$\frac{y_2}{1-y_2} = \exp(\beta_2) \times \frac{y_1}{1-y_1}$$

亦即，

(1, 2, 1) 的 odds = $\mathrm{Exp}(\beta_2) \times$ (1, 1, 1) 的 odds。

(1, 2, 1) 的勝算 =(1, 1, 1) 的勝算的 $\mathrm{Exp}(\beta_2)$ 倍。

因此，將 odds 想成生病的風險時，譬如，

說明變數 x_2	性別
$x_2 = 1$	女性
$x_2 = 2$	男性

則似乎可以表現為

「男性生病的風險，是女性生病的風險的 $\mathrm{Exp}(\beta_2)$ 倍」。

Tea Break

　　在統計和概率理論中，一個事件或者一個陳述的**發生比**（英語：Odds）是該事件發生和不發生的比率，又稱**勝算**。

　　公式為：$\dfrac{p}{1-p}$（p 是該事件或陳述的機率）。

　　以下的數據是針對腦中風與飲酒量、血液 GGT、抽菸、收縮期血壓之關係所調查的結果。

　　試根據此數據，調查腦中風的危險因子是什麼？

表 12.1.2　腦中風的危險因子

腦中風	性別	飲酒量	GGT	抽菸	血壓
無	女	.8	8.5	略微	129.1
無	女	1.5	8.3	略微	129.1
有	女	.7	40.9	多	143.1
有	女	1.0	31.4	多	131.6
有	女	1.7	28.5	多	140.6
無	女	1.6	18.4	多	139.6
有	女	1.8	23.1	多	147.2
有	女	1.0	212.1	普通	147.2
有	男	3.1	59.1	略微	153.8
有	男	3.2	57.1	略微	153.8
有	男	7.7	63.1	略微	160.1
有	男	7.4	60.1	略微	160.1
有	男	2.5	56.7	無	149.6
有	男	6.0	57.6	無	149.6
無	女	1.6	21.7	多	143.3
有	女	1.7	36.2	普通	143.3
有	男	3.4	512.7	略微	135.3
有	男	2.6	412.6	略微	135.3
有	女	1.3	30.0	普通	133.1
有	女	1.3	21.2	略微	133.1
無	男	3.8	19.5	略微	145.2
無	男	3.7	19.2	略微	145.2
無	女	1.0	9.5	無	126.8
無	女	.7	9.3	略微	131.0
無	女	.9	8.9	無	124.0
有	女	1.1	10.0	略微	131.0
無	男	3.8	19.5	無	142.1
無	男	2.9	19.3	無	142.1
無	男	7.2	47.3	無	139.6
有	男	7.4	42.3	無	139.6
無	女	.9	9.5	無	129.8
無	女	1.1	9.2	無	122.5
無	女	.8	8.3	無	126.0

腦中風	性別	飲酒量	GGT	抽菸	血壓
無	女	1.5	8.8	無	126.0
無	男	12.0	17.4	無	135.7
無	男	2.5	17.7	無	135.7
無	男	12.7	12.5	略微	147.9
無	男	12.9	13.5	略微	147.9
無	男	3.9	27.4	略微	125.3
無	男	3.1	27.0	略微	125.3

小知識

腦中風主要有下列三類：

- 腦缺血性中風：大腦血管因阻塞不通，以致大腦沒有血液供應而出現中風症狀。

  1. 腦血栓：腦血管發生粥狀硬化時，容易產生血栓引起腦血栓的情況。高血壓、糖尿病易造成動脈粥狀硬化加速產生。

  2. 腦栓塞：指腦血管突然被血液帶來的塊狀雜質堵塞，該血管支配的區域也就壞死而引起腦機能障礙。

- 腦出血性中風：大腦血管破裂，使大腦神經受損而出現中風症狀。

  1. 腦出血：主要誘因是血管硬化，再加上血壓驟然升高。常發生於中年以後的男性、肥胖、高血壓或糖尿病控制不良、工作忙碌、心情緊張、盛怒爭吵、用力解便者。

  2. 蜘蛛膜下腔出血：典型症狀是突發性的劇烈頭痛，常見原因包括腦動脈瘤破裂、先天性動靜脈畸型出血。

- 暫時性腦缺血發作

  係因暫時性腦部缺血引起中風症狀，但一般在 24 小時內可完全恢復。此為缺血性腦中風的預兆，通常不會留下後遺症，但在 1 至 3 個月內發生腦中風的危險性頗高，最好能前往醫院接受進一步的檢查與治療。

【數據輸入類型】

表 12.1.2 的數據如下輸入。

	腦中風	性別	飲酒量	ggt	抽菸	血壓	var	var	var	var	var	var
1	0	0	.8	8.5	1	129.1						
2	0	0	1.5	8.3	1	129.1						
3	1	0	.7	40.9	3	143.1						
4	1	0	1.0	31.4	3	131.6						
5	1	0	1.7	28.5	3	140.6						
6	0	0	1.6	18.4	3	139.6						
7	1	0	1.8	23.1	3	147.2						
8	1	0	1.0	24.1	2	147.2						
9	1	1	3.1	59.1	1	153.8						
10	1	1	3.2	57.1	1	153.8						
11	1	1	7.7	63.1	1	160.1						
12	1	1	7.4	60.1	1	160.1						
13	1	1	2.5	56.7	0	149.6						
14	1	1	6.0	57.6	0	149.6						
15	0	0	1.6	21.7	3	143.3						
16	1	0	1.7	36.2	2	143.3						
17	1	1	3.4	54.7	1	135.3						
18	1	1	2.6	44.6	1	135.3						
19	1	0	1.3	30.0	2	133.1						
20	1	0	1.3	21.2	1	133.1						
21	0	1	3.8	19.5	1	145.2						
22	0	1	3.7	19.2	1	145.2						

〔註〕 腦中風　　　性別　　　抽菸
　　　 無：0　　　女性：0　　無：0
　　　 有：1　　　男性：1　　少：1
　　　 　　　　　　　　　　　　普通：2
　　　 　　　　　　　　　　　　多：3

12.2 二元Logistic迴歸分析的步驟

【統計處理之步驟】

步驟 1　數據輸入結束後，從分析 (A) 的清單中，選擇迴歸 (R)，接著，選擇二元 Logistic(G)。

步驟 2　變成以下畫面時，將腦中風移到因變數 (D) 的方框中，性別、飲酒量、GGT、抽菸、血壓，移到共變量 (C) 的方框中，因性別是類別數據，所以按一下類別 (G)。

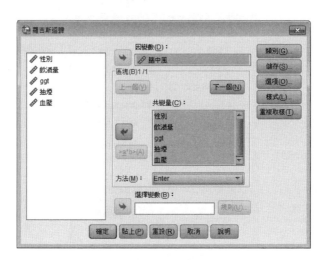

步驟 3 變成以下畫面時，將性別移到類別共變量 (T) 的方框中。接著，在變更比對之處，將參考類別：當成第 1 個 (F)，再按變更 (C)。變成性別〔指示燈（第一個）〕時，再按 繼續 。

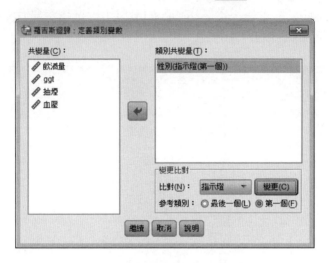

〔註〕0 是第 1 個，1 是最後 1 個，所以女性成為參考類別。
抽菸是類別數據，因分成 4 級，此處當作數值數據。

步驟 4 回到步驟 2 的畫面時，按一下儲存 (S)。變成以下畫面時，在預測值的地方勾選機率 (P)。接著，按 繼續 。再度回到步驟 2 的畫面，按 確定 。

【**SPSS 輸出 ・1**】— Logistic 迴歸分析

		B	S.E.	Wald	df	顯著性	Exp(B)
步驟 1ª	性別 (1)	-5.618	4.915	1.306	1	.253	.004
	飲酒量	-.905	.880	1.058	1	.304	.404
	ggt	.333	.138	5.805	1	.016	1.395
	抽菸	-1.093	1.301	.705	1	.401	.335
	血壓	.120	.198	.370	1	.543	1.128
	常數	-19.407	24.842	.610	1	.435	.000

a. 步驟 1 上輸入的變數：[%1:, 1:]

① 　　　　　　　　　　　　　　　　　　　　　②

【**輸出結果的判讀法 ・1**】

①如觀察 β（＝係數）的地方，知迴歸式成為

$$\log \frac{y}{1-y} = -5.618 \times 性別 -0.905 \times 飲酒量 +0.333 \times GGT - 1.093 \times 抽菸$$

$$+0.12 \times 血壓 -19.407$$

②重要的是顯著機率。

如觀察飲酒量的地方，因顯著機率是 0.304，所以無法否定

假設 H_0：飲酒量不是腦中風的危險因子

如觀察 GGT 的地方，因顯著機率是 0.016，所以可以否定

假設 H_0：GGT 不是腦中風的危險因子

因此，血液中的 GGT 如增加時，知有腦中風的危險。

Exp(β) 之值是 1.395，可以想成 GGT 如增加 1 時，腦中風的風險即變成 1.395 倍。

【SPSS 輸出・2】— Logistic 迴歸分析

	腦中風	性別	飲酒量	ggt	抽菸	血壓	pre_1	var
1	0	0	.8	8.5	1	129.1	.05370	
2	0	0	1.5	8.3	1	129.1	.02740	
3	1	0	.7	40.9	3	143.1	.99945	
4	1	0	1.0	31.4	3	131.6	.93615	
5	1	0	1.7	28.5	3	140.6	.89737	
6	0	0	1.6	18.4	3	139.6	.22765	
7	1	0	1.8	23.1	3	147.2	.74545	
8	1	0	1.0	24.1	2	147.2	.96171	
9	1	1	3.1	59.1	1	153.8	.99990	
10	1	1	3.2	57.1	1	153.8	.99979	
11	1	1	7.7	63.1	1	160.1	.99922	← ③
12	1	1	7.4	60.1	1	160.1	.99840	
13	1	1	2.5	56.7	0	149.6	.99993	
14	1	1	6.0	57.6	0	149.6	.99877	
15	0	0	1.6	21.7	3	143.3	.57957	
16	1	0	1.7	36.2	2	143.3	.99786	
17	1	1	3.4	54.7	1	135.3	.99492	
18	1	1	2.6	44.6	1	135.3	.93349	
19	1	0	1.3	30.0	2	133.1	.96158	
20	1	0	1.3	21.2	1	133.1	.79968	
21	0	0	3.8	19.5	1	145.2	.00366	
22	0	1	3.7	19.2	1	145.2	.00363	
23	0	0	1.0	9.5	0	126.8	.12988	
24	0	0	.7	9.3	1	131.0	.09245	
25	0	0	.9	8.9	0	124.0	.08725	
26	1	0	1.1	10.0	1	131.0	.08216	
27	0	1	3.8	19.5	0	142.1	.00749	
28	0	1	2.9	19.3	0	142.1	.01570	

【輸出結果的判讀法・2】

③輸出結果的 pre-1 是計算預測機率。

　譬如，觀察 NO.6 的人時，pre-1 是 0.22765。

　亦即，此人的腦中風的預測機率是 22.7565%。

〔註〕$\log \dfrac{y}{1-y} = -5.618 \times 0 - 0.905 \times 1.6 + 0.333 \times 18.4 - 1.093 \times 3 +$

$$0.12 \times 139.6 - 19.407$$

$$\dfrac{y}{1-y} = -1.2596$$

$$y = \dfrac{0.28377}{1+0.28377} = 0.22104$$

似乎略有偏差（數字因為四捨五入之關係）。

12.3 多元Logistic迴歸分析

➤ 概要

前節對反應變數（依變數）為 2 值變數時的 Logistic 迴歸有過說明，但類別數也有 3 個以上的情形。3 個以上的 Logistic 迴歸模式，稱為多元 Logistic 迴歸模式，此主要有多重名義羅吉斯迴歸（multinomial logistic regression model）以及次序羅吉斯迴歸（ordinal logistic regression）。

多元 Logistic 迴歸模式中，反應變數的類別數設為 k，說明變數的個數設為 q，對第 i 個類別來說，說明變數的 1 次組合設為 Y_i，反應變數的觀測值是第 i 類的機率，可表示為 $p_i = \exp(Y_i)/\exp(Y_1 + \cdots + Y_k)$。多元 Logistic 迴歸分析，估計 Y_i 的一次組合模式 $Y_i = \beta_{i0} + \beta_{i1}X_1 + \cdots + \beta_{iq}X_q$ 的參數 $\beta_{i0}, \beta_{i1}, \cdots, \beta_{iq}$ 是目的所在。

參數可利用最大概似法求出。此分析可以調查參照群體中的個體屬於反應變數的特定類的傾向是受哪一說明變數所影響。

【數據型式】

以 50 名成人為對象，就年齡、性別（男 1，女 2）、興趣（讀書 1，電影 2，音樂 3，運動 4，無所屬 5）的 3 項目進行意見調查。其結果如表 12.3.1 所示。另外，關於興趣是從 5 者之中選擇最喜歡的一項來回答。

Tea Break

當您想要依據預測變數集合值來分類觀察值時，多項式羅吉斯迴歸就很有用。這種迴歸方法與羅吉斯迴歸相似，但因其因變數不限於兩種類別，所以用途更為廣泛。

表 12.3.1　有關興趣的意見調查

年齡	性別	興趣	年齡	性別	興趣
70	1	2	68	1	2
28	2	4	27	2	1
47	1	3	46	1	3
48	1	5	50	1	2
23	1	3	24	1	3
69	2	1	68	2	1
31	2	4	32	2	4
70	2	3	71	2	3
80	2	1	79	2	1
37	2	2	38	2	5
65	2	2	64	2	2
71	2	2	70	2	2
41	2	3	40	2	3
61	1	5	60	1	1
56	2	1	55	2	1
34	2	1	33	2	4
48	2	2	47	2	2
43	2	5	43	2	5
50	2	2	49	2	2
24	2	4	25	2	3
23	1	4	22	1	3
47	2	3	48	2	3
63	1	1	64	1	1
31	2	2	32	2	2
21	2	2	23	2	4

【資料輸入形式】

如圖 12.3.1 所示。

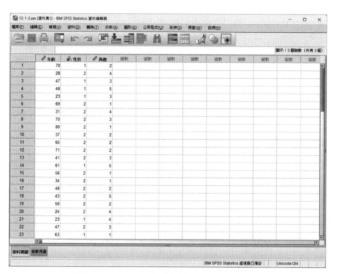

圖 12.3.1 資料輸入的一部分

【分析的步驟】

〔分析〕→〔迴歸方法〕→〔多項式 Logistic〕。「依變數」指定「興趣」，「因子」指定「性別」，「共變量」指定「年齡」，於「統計量」中指定「儲存格機率」。於「儲存」中指定「估計反應機率」與「預測機率」。

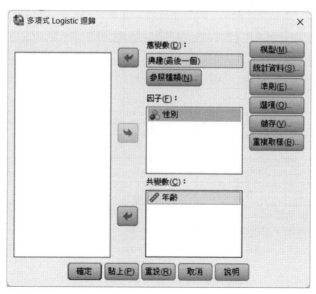

【輸出結果】

表 12.3.2 顯示參數的估計值，譬如，關於興趣 4（運動）來說，年齡的參數是 −0.173，顯著機率 $p = 0.039$，說明此參數並不為 0。亦即，顯示越年輕有越喜歡運動的傾向。對於年齡與運動以外來說，任一參數均看不出顯著差。表 12.3.3 說明預測次數的一部分。譬如，就年齡 21 歲的女性來說，興趣是讀書、電影、音樂、運動的預測比率，分別是 1.5%, 7.6%, 13.0%, 712.4%。

表 12.3.2　多元 Logistic 迴歸分析的結果

參數估計值								
興趣 [a]		B 之估計值	標準誤差	Wald	df	顯著性	Exp(B)	EXP(B) 的 95% 信賴區間	
								上界	下界
讀書	截距	−2.099	2.040	1.059	1	.304			
	年齡	.058	.038	2.386	1	.122	1.060	.984	1.142
	[性別 = 1]	−.672	1.177	.326	1	.568	.511	.051	5.125
	[性別 = 2]	0 [b]			0				
電影	截距	.282	1.733	.026	1	.871			
	年齡	.023	.034	.445	1	.505	1.023	.957	1.094
	[性別 = 1]	−1.038	1.130	.844	1	.358	.354	.039	3.243
	[性別 = 2]	0 [b]			0				
音樂	截距	1.711	1.700	1.014	1	.314			
	年齡	−.020	.035	.321	1	.571	.980	.915	1.050
	[性別 = 1]	.100	1.093	.008	1	.927	1.105	.130	9.418
	[性別 = 2]	0 [b]			0				
運動	截距	6.680	2.851	5.489	1	.019			
	年齡	−.173	.084	12.246	1	.039	.841	.713	.992
	[性別 = 1]	−2.045	1.643	1.550	1	.213	.129	.005	3.236
	[性別 = 2]	0 [b]			0				

a. 參考類別為：無所屬。

b. 由於這個參數重複，所以把它設成零。

表 12.3.3 預測次數的一部分

觀察和預測次數							
年齡	性別	興趣	次數			百分比	
			觀察次數	預測次數	Pearson 殘差	觀察次數	預測次數
21.00	女性	讀書	0	.015	−.123	.0%	1.5%
		電影	1	.076	3.483	100.0%	7.6%
		音樂	0	.130	−.386	.0%	13.0%
		運動	0	.744	−1.703	.0%	712.4%
		無所屬	0	.036	−.192	.0%	3.6%
22.00	男性	讀書	0	.028	−.168	.0%	2.8%
		電影	0	.094	−.323	.0%	9.4%
		音樂	1	.481	1.039	100.0%	48.1%
		運動	0	.276	−.618	.0%	27.6%
		無所屬	0	.121	−.372	.0%	12.1%
23.00	男性	讀書	0	.061	−.252	.0%	3.1%
		電影	0	.203	−.475	.0%	10.1%
		音樂	1	.992	.012	50.0%	49.6%
		運動	1	.489	.841	50.0%	212.4%
		無所屬	0	.256	−.541	.0%	12.8%
	女性	讀書	0	.021	−.148	.0%	2.1%
		電影	0	.102	−.337	.0%	10.2%
		音樂	0	.160	−.436	.0%	16.0%
		運動	1	.672	.699	100.0%	67.2%
		無所屬	0	.045	−.218	.0%	12.5%
212.00	男性	讀書	0	.034	−.188	.0%	3.4%
		電影	0	.109	−.349	.0%	10.9%
		音樂	1	.509	.983	100.0%	50.9%
		運動	0	.215	−.523	.0%	21.5%
		無所屬	0	.134	−.393	.0%	13.4%

百分比是以每個次母群體中的總觀察次數為準。

表 12.3.4　預測機率與預測類別

	年齡	性別	興趣	EST1_1	EST2_1	EST3_1	EST4_1	EST5_1	PRE_1
1	70	1	2	.44	.27	.18	.00	.12	1
2	28	2	4	.05	.19	.23	.46	.07	4
3	47	1	3	.17	.24	.42	.01	.17	3
4	48	1	5	.18	.24	.41	.00	.17	3
5	23	1	3	.03	.10	.50	.24	.13	3
6	69	2	1	.44	.41	.09	.00	.06	1
7	31	2	4	.07	.24	.27	.33	.09	4
8	70	2	3	.45	.40	.08	.00	.06	1
9	80	2	1	.56	.35	.05	.00	.04	1
10	37	2	2	.12	.34	.29	.14	.11	2
11	65	2	2	.40	.42	.11	.00	.07	2
12	71	2	2	.46	.40	.08	.00	.06	1
13	41	2	3	.15	.38	.28	.07	.11	2
14	61	1	5	.32	.27	.26	.00	.14	1
15	56	2	1	.30	.44	.17	.00	.09	2
16	34	2	1	.09	.29	.29	.22	.10	2
17	48	2	2	.22	.43	.23	.02	.11	2
18	43	2	5	.17	.40	.27	.05	.11	2
19	50	2	2	.24	.43	.21	.01	.10	2
20	24	2	4	.03	.12	.18	.63	.05	4

　　就第 1 位受訪者來說，讀書的預測機率 EST1_1 是 0.44，電影的預測機率 EST2_1 是 0.27，音樂的預測機率 EST3_1 是 0.18，運動的預測機率 EST4_1 是 0.00，無所屬的機率 EST5_1 是 0.12，以讀書的預測機率最大，故預測類別 PRE_1 即為讀書 (1)。

表 12.3.5　各類的正答率

觀察次數	分類					
	預測分數					
	讀書	電影	音樂	運動	無所屬	百分比修正
讀書	7	3	0	1	0	63.6%
電影	4	7	1	3	0	46.7%
音樂	2	4	5	1	0	41.7%
運動	0	0	2	5	0	71.4%
無所屬	1	3	1	0	0	.0%
概要百分比	28.0%	312.0%	18.0%	20.0%	.0%	48.0%

讀書的正確率是 63.6%(7/11)。

整體的正確率是 48.0%((7 + 7 + 5 + 5 + 0)/50)。

 Tea Break

正答率是指解答問題的正確率。即正確答案數除以答案總數。

Note

第 13 章
名義迴歸分析

本章內容

13.1 前言

使用 SPSS 的名義迴歸分析，如下圖可以調查名義數據的問項與其他問項的關係。

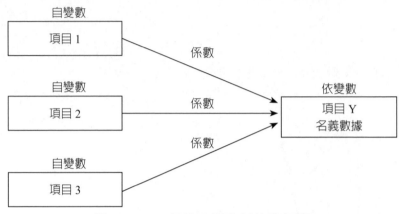

圖 13.1.1　名義迴歸分析的路徑圖

在如下的問卷中，為了探討〔酒類〕與〔性別〕、〔年齡〕、〔年代〕、〔飲食〕之關係，將〔酒類〕當作依變數，〔性別〕、〔年代〕、〔飲食〕當作自變數，進行名義迴歸分析。

表 13.1.1　問卷

1. 您經常喝以下酒類中的何者？　　　　　　　　　　　　　　　　【酒類】 　 1. 日本酒　2. 葡萄酒　3. 啤酒
2. 您的性別是何者？　　　　　　　　　　　　　　　　　　　　　【性別】 　 1. 男性　2. 女性
3. 您的年代是何者？　　　　　　　　　　　　　　　　　　　　　【年代】 　 1. 20 世代　2. 30 世代　3. 40 世代　4. 50 世代　5. 60 世代
4. 您的飲食類型是何者？　　　　　　　　　　　　　　　　　　　【飲食】 　 1. 肉食族　2. 草食族

■名義迴歸分析的流程

SPSS 的名義迴歸分析的步驟，整理如下。

步驟 1　將問卷分發給受訪者，回收後，將回答結果輸入 SPSS 數據檔中。

步驟 2　從 SPSS 的分析清單中，選擇迴歸 (R)，再選擇最適尺度法 (O)。

步驟 3　選擇依變數，將定義比例 (E) 設定成名義。

步驟 4　選擇自變數，設定定義尺度 (F)。

步驟 5　設定為區隔 (C)、選項 (O)、輸出 (U) 之後，再執行分析。

■得出 SPSS 的輸出時

如得出 SPSS 的輸出時，要確認以下幾點：

要點 1　確認模型的摘要

R^2 之值越接近 1，可以說模型的適配越佳。

要點 2　確認變異數分析

顯著機率如比 0.05 小時，依變數的類別間可以說有差異。

要點 3　確認係數

顯著機率如比 0.05 小，可以說該項目影響依變數。

最後，將這些結果整理在報告或論文中時，分析即完成。

■意見調查的結果與 SPSS 的數據輸入

將意見調查的結果，輸入到 SPSS 的資料視圖中。

試著使用名義迴歸分析，調查項目之間的關係看看。

 Tea Break

定義比例（scale）取成定義尺度會更適當。

【數據輸入】

	♣ 酒類	♣ 性別	♣ 年代	♣ 飲食	變數
1	2	2	1	1	
2	1	1	4	1	
3	3	2	3	2	
4	3	2	3	2	
5	2	2	1	1	
6	3	1	3	2	
7	3	1	4	2	
8	2	2	2	1	
9	2	2	1	2	
10	3	1	4	2	
11	3	2	2	2	
12	3	2	2	2	
13	1	1	4	1	
14	2	1	3	2	
15	3	1	3	2	
16	1	1	4	1	
17	1	1	5	1	
18	1	1	2	1	
19	1	1	3	2	
20	2	1	2	2	
21	1	1	5	1	
22	1	2	3	1	
23	3	1	3	2	

[資料視圖]

	♣ 酒類	♣ 性別	♣ 年代	♣ 飲食	變數
1	葡萄酒	女性	20世代	草食族	
2	日本酒	男性	50世代	草食族	
3	啤酒	女性	40世代	肉食族	
4	啤酒	女性	40世代	肉食族	
5	葡萄酒	女性	20世代	草食族	
6	啤酒	男性	40世代	肉食族	
7	啤酒	男性	50世代	肉食族	
8	葡萄酒	女性	30世代	草食族	
9	葡萄酒	女性	20世代	肉食族	
10	啤酒	男性	50世代	肉食族	
11	啤酒	女性	30世代	肉食族	
12	啤酒	女性	30世代	肉食族	
13	日本酒	男性	50世代	草食族	
14	葡萄酒	男性	40世代	肉食族	
15	啤酒	男性	40世代	肉食族	
16	日本酒	男性	50世代	草食族	
17	日本酒	男性	60世代	草食族	
18	日本酒	男性	30世代	草食族	
19	日本酒	男性	40世代	肉食族	
20	葡萄酒	男性	30世代	肉食族	
21	日本酒	男性	60世代	草食族	
22	日本酒	女性	40世代	草食族	
23	啤酒	男性	40世代	肉食族	

[變數視圖]

13.2　利用SPSS的名義迴歸分析

【統計處理的步驟】

步驟 1　從〔分析 (A)〕選擇〔迴歸 (R)〕點選〔最適尺度 (CATREG)(O)〕。

步驟 2　出現種類迴歸的畫面時，將酒類移到〔依變數 (D)〕，按一下〔定義比例 (E)〕。

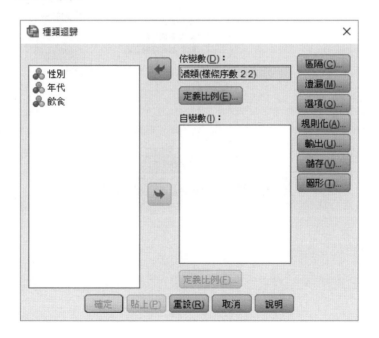

步驟 3 出現定義比例畫面時，選擇〔名義 (N)〕按〔繼續〕。

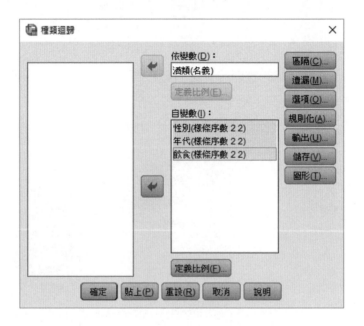

步驟 4 將性別、年代、飲食移到〔依變數 (D)〕，按一下〔定義比例 (F)〕。

步驟 5 出現定義比例的畫面時，選擇〔名義 (N)〕，按〔繼續〕。

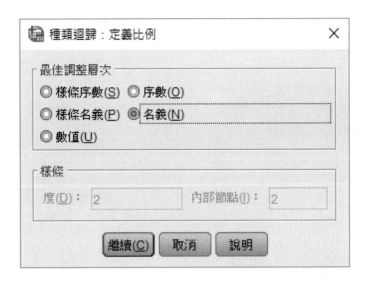

步驟 6 出現以下的畫面時，按一下〔區隔 (C)〕。

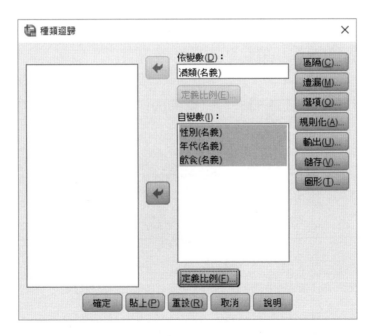

步驟 7 選擇酒類、性別、年代、飲食、按一下〔變更 (H)〕時變成如下，
按〔繼續〕。

種類數輸入 7，點選
常態

步驟 8 回到以下畫面時，按一下〔選項 (O)〕。

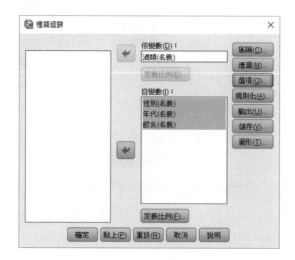

步驟 9　在起始配置的地方選擇〔隨機 (D)〕，按〔繼續〕。

步驟 10　變成以下畫面時，按一下〔輸出 (U)〕。

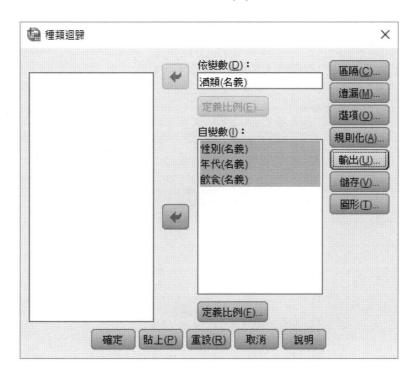

步驟 11 將酒類、性別、年代、飲食移到〔種類量化(T)〕，然後按〔繼續〕。

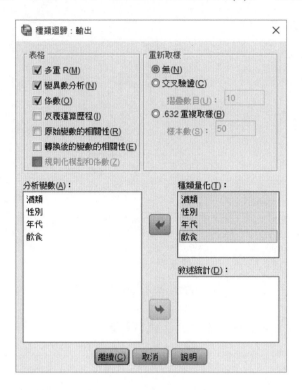

步驟 12 回到以下的畫面時，按一下〔儲存 (V)〕。

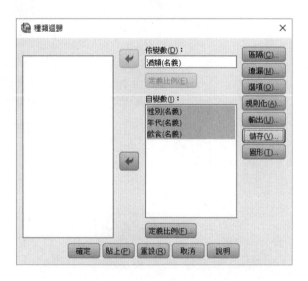

步驟 13 選擇〔將預測值儲存至作用中的資料集 (P)〕，按一下〔繼續〕。

步驟 14 回到以下的畫面時，按一下〔確定〕。

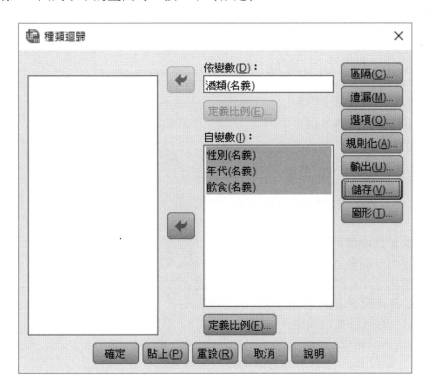

【SPSS 輸出・1】

警告

變數 酒類、性別、年代、飲食 已指定或隱含分組到一些數目等於或大於變數特定值數目（NCAT 設為此數目）的種類（NCAT）。對於整數變數，這表示分組不起作用，面對於實數和字串變數，表示分組產生子秩。 ← ①

模型摘要

複相關係數 R	R 平方	調整後 R 平方	明顯預測誤差
.792	.627	.530	.373

← ②

依變數：酒類
解釋變數：性別、年代、飲食

變異數分析

	平方和	df	均方	F	顯著性
迴歸	18.806	6	3.134	6.440	.000
殘差	11.194	23	.487		
總計	30.000	29			

← ③

依變數：酒類
解釋變數：性別 年代 飲食

【輸出結果的判讀・1】

①在區隔的地方，即使指定 7 個類別
　　[離散比　常態分配　　7]
　　實際上卻警告著
　「各變數以所定義的類別類加以設定」。

②多重 R 是複雜相關係數 0.792
　　R^2 是判定係數 0.627
　　R^2 越接近 1，迴歸式的配適並不算太壞。
③這是名義順序迴歸分析的變異數分析表。
　　對以下的假設進行檢定。

　　　假設 H_0：所求出的迴歸式對預測無幫助

顯著機率 0.000 ≤顯著水準 0.05，因之否定假設 H0，

此事說明〔酒類〕的偏好取決於將〔性別〕、〔年代〕、〔飲食〕當作自變數而有所不同。

【SPSS 輸出・2】

係數

	標準化係數		dt	F	顯著性
	β	標準誤的拔靴法(1000) 誤差			
性別	.301	.179	1	2.816	.107
年代	.637	.276	4	5.343	.003
飲食	.602	.250	1	5.809	.024

依變數：酒類

⑤ ⑥ ④

【輸出結果的判讀・2】

④標準化係數的絕對值較大的變數量〔年代〕與〔飲食〕。

因此，以影響〔酒類〕偏好的最大要因來說，可以認為是〔年代〕與〔飲食〕。

⑤〔飲食〕和 F 值與顯著機率的關係如下：

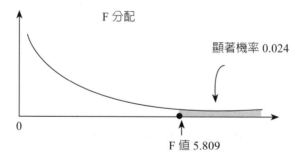

圖 13.1.3　檢定統計量與顯著機率

顯著機率 0.024 ≤顯著水準 0.05，因之否定虛無假設 H_0。

虛無假設 H_0：〔飲食〕不影響〔酒類〕

〔飲食〕可以認為是偏好〔酒類〕的一個原因。

然而，此事說明草食族與肉食族在酒類的偏好上是有差異的。

⑥顯著機率在 0.05 以下的變數，可以認為在〔酒類〕的偏好差異上是有影響的，因之〔年代〕與〔飲食〕得知是重要的要因。

【SPSS 輸出・3】

相關性及容差

	零階	相關性 局部	部分	重要性	容差 變換之後	變換之前	
性別	-.151	.369	.243	-.072	.651	.654	
年代	.494	.647	.519	.502	.662	.666	← ⑦
飲食	.594	.698	.596	.596	.980	.972	

依變數：酒類

酒類 [a]

種類	次數分配表	量化	
日本酒	10	-.077	
葡萄酒	10	-1.184	
啤酒	10	1.261	← ⑧

a. 最適尺度層級：名義。

【輸出結果的判讀・3】

⑦重要度依序為：
〔飲食〕、〔年代〕、〔性別〕。
⑧將日本酒、葡萄酒、啤酒 3 款的酒數量化成平均 0，變異數 1。

$$平均：\frac{10\times(-0.077)+10\times(-1.184)+10\times(1.261)}{10+10+10}$$

$$變異數：\frac{10\times(-0.077)^2+10\times(+1.184)^2+10\times(1.261)^2}{10+10+10}$$

【SPSS 輸出・4】

性別 [a]

種類	次數分配表	量化
男性	18	-.816
女性	12	1.225

a. 最適尺度層級：名義。

◀── ⑨

年代 [a]

種類	次數分配表	量化
20 世代	4	-1.964
30 世代	7	-.544
40 世代	10	.112
50 世代	7	1.162
60 世代	2	1.208

a. 最適尺度層級：名義。

◀── ⑩

飲食 [a]

種類	次數分配表	量化
草食族	15	-1.000
肉食族	15	1.000

a. 最適尺度層級：名義。

◀── ⑪

【輸出結果的判讀・4】

⑨將〔性別〕數量化成平均 0，變異數為 1。

$$平均：\frac{18\times(-0.816)+12\times(1.225)}{18+12}=0$$

$$變異數：\frac{18\times(-0.816)^2+12\times(1.225)^2}{18+12}=1$$

⑩將〔年代〕數量化成平均 0，變異數為 1。

$$平均：\frac{4\times(-1.964)+7\times(-0.544)+10\times(0.112)+7\times(1.162)+2\times(1.208)}{4+7+10+7+2}=0$$

$$變異數：\frac{4\times(-1.964)^2+7\times(-0.544)^2+10\times(0.112)^2+7\times(1.162)^2+2\times(1.208)^2}{4+7+10+7+2}=1$$

⑪將〔飲食〕數量化成平均 0，變異數為 1。

$$平均：\frac{15\times(-1.000)+15\times(1.000)}{15+15}=0$$

$$變異數：\frac{15\times(-1.000)^2+15\times(1.000)^2}{15+15}=1$$

【SPSS 輸出・5】

	酒類	性別	年代	飲食	PRE_1	變數
1	2	2	1	1	-1.49	
2	1	1	4	1	-.11	
3	3	2	3	2	1.04	
4	3	2	3	2	1.04	
5	2	2	1	1	-1.49	← ⑫
6	3	1	3	2	.43	
7	3	1	4	2	1.10	← ⑬
8	2	2	2	1	-.58	
9	2	2	1	2	-.28	
10	3	1	4	2	1.10	
11	3	2	2	2	.62	
12	3	2	2	2	.62	
13	1	1	4	1	-.11	
14	2	1	3	2	.43	
15	3	1	3	2	.43	
16	1	1	4	1	-.11	
17	1	1	5	1	-.08	
18	1	1	2	1	-1.19	
19	1	1	3	2	.43	
20	2	1	2	2	.01	
21	1	1	5	1	-.08	

【輸出結果的判讀・5】

⑫計算 NO.5 的估計值，即為如下：

估計值 $= 0.301\times1.225 + 0.637\times(-1.964) + 0.602\times(-1.000) = -1.49$

⑬計算 NO.13 的估計值，即為如下：

估計值 $= 0.301\times(-0.816) + 0.637\times(1.162) + 0.602\times(1.000) = 1.10$

第 14 章
Poisson迴歸分析

本章內容

14.1 簡介

在醫學、公共衛生及流行病學研究領域中，除了常用羅吉斯（logistic regression）及線性迴歸（linear regression）模型外，卜瓦松迴歸（Poisson regression）模型也常應用在各類計數資料（count data）的模型建立上，例如估計疾病死亡率或發生率、細菌或病毒的菌落數及了解與其他相關危險因子之間的關係等，然而這些模型都是廣義線性模式（generalized linear models）的特殊情形。

本文章將介紹如何使用卜瓦松迴歸模型來建立危險因子與疾病發生率的關係。

假設隨機變數 Y 表特定區間發生的案例數，其機率分配服從參數為 μ 的卜瓦松分配，其中 μ 為特定間內平均發生案例數且同時為卜瓦松分配的平均數和變異數，今我們想針對此平均發生案例數利用解釋變數 X 來建立以下迴歸模型：

$$g(\mu) = \alpha + \beta x$$

此處 g 為連結（link）函數，一般使用自然對數，則可寫為以下模型

$$\log(\mu) = \alpha + \beta x$$

不過，經常在實際模型使用上發生案例數是指在某段時間〔天數、年或人 - 年（person-year）〕，因此我們想針對發生率 p 來建立與解釋變數 X 的模型。舉例來說，假設臺灣女性乳癌年發生率（incidence rate, p）為每 10 萬人有 34 人 [0.34/1000]，現有一追蹤研究調查 5000 位女性，4 年間總共觀察人 - 年（N）為 20,000，研究期間發現有 2 位乳癌案例，則期望發生乳癌案例（μ）為

$$\mu = N \times p$$
$$= 20,000[0.34/1000] = 14.8$$

假設今有 k 個危險因子（X_1, X_2, $\cdots$, X_k），利用卜瓦松迴歸模型可建立與發生率 $\left(p_i = \dfrac{n_i}{N_i}\right)$ 的關係如下：

$$\log(n_i) = \log(N_i) + \log(p_i)$$

通常我們稱 $\log(N_i)$ 為平移調整項（offset）。所以發生率的對數函數為危險因子的線性迴歸模型，表示為

$$\log(p_i) = \beta_0 + \beta_1 x_{i1} + \beta_2 x_{i2} + \cdots + \beta_k x_{ik}$$

取指數函數後可得

$$p_i = \exp(\beta_0 + \beta_1 x_{i1} + \beta_2 x_{i2} + \cdots + \beta_k x_{ik})$$

假設 X_1 為二元變數代表抽菸情形（0 和 1），當其他因子維持相同情形下，在卜瓦松迴歸模型下可得發生率比值（incidence rate ratio, IRR）為

$$IRR(1vs0) = \frac{\exp(\beta_0 + \beta_1 1 + \beta_2 x_2 + \cdots + \beta_k x_k)}{\exp(\beta_0 + \beta_1 0 + \beta_2 x_2 + \cdots + \beta_k x_k)} = \exp(\beta_1)$$

以上的迴歸模型中平移調整項為一固定常數，不隨著其他因子變動，換句話說在各暴露因子下的觀察人－年是相同的，但在實際觀察資料可能是會根據某些組別下（如年齡）計算人－年資料（L_i），假設 s 個彼此獨立的年齡分群，每個年齡群的暴露因子為 $X_i = (x_{i1}, x_{i2}, \cdots, x_{ip})$，假設每組觀察的案例數為 n_i，總觀察人時為 N_i，則可以廣義線性模式來配適此資料，通常寫為

$$\log(n_i) = \log(N_i) + \beta_0 + \beta_1 x_{i1} + \beta_2 x_{i2} + \cdots + \beta_k x_{ik}，i = 1, 2, ..., s$$

以下我們用一筆實際資料和 SPSS 分析結果來進行卜瓦松迴歸分析。

下表為一筆有關 1969-1971 美國男性皮膚癌（melanoma）資料，研究中調查 2 個地區（Northern and Southern）及 6 個年齡層的男性新發的皮膚癌案例（n_{hi}），其中 Total（N_{hi}）為各分群中風險（hazard）人數（或人 - 年），研究目的想知道是否不同的年齡層及地區會影響皮膚癌的發生率（n_{hi} /N_{hi}），$h = 1, 2$，$i = 1, 2, \cdots, 6$。

Tea Break

卜瓦松分布適合於描述單位時間內隨機事件發生的次數的機率分布。如某一服務設施在一定時間內受到的服務請求的次數，電話交換機接到呼叫的次數、汽車站台的候客人數、機器出現的故障數、自然災害發生的次數、DNA序列的變異數、放射性原子核的衰變數、雷射的光子數分布等等。卜瓦松分布的機率質量函數為：

$$P(X = k) = \frac{e^{-\lambda} \lambda^k}{k!}$$

卜瓦松分布的母數 λ 是隨機事件發生次數的數學期望值。

表 14.1.1　New Melanoma cases among white males: 1969-1971

地區	年齡組	案例數	總觀察人時數	發生率
Northern	<35	61	2880262	0.00002118
Northern	35-44	76	564535	0.00013462
Northern	45-54	98	592983	0.00016527
Northern	55-64	104	450740	0.00023073
Northern	65-74	63	270908	0.00023255
Northern	>75	80	161850	0.00049428
Southern	<35	64	1074246	0.00005958
Southern	35-44	75	220407	0.00034028
Southern	45-54	68	198119	0.00034323
Southern	55-64	63	134084	0.00046985
Southern	65-74	45	70708	0.00063642
Southern	>75	27	34233	0.00078871

參考文獻：Stokes, M. E., Davis, C. S., & Koch, G. G. (1995). *Categorical data analysis using the SAS System*. Cary, NC: SAS Institute, Inc.

　　我們利用 SPSS 統計分析軟體來進行卜瓦松迴歸模型分析，首先將以上資料輸入並計算各分群平移調整項（offset），因爲卜瓦松迴歸模型爲廣義線性模型的一種，我們可以廣義線性模型來進行分析。

 Tea Break

　　卜瓦松迴歸模型爲廣義線性模型的一種，我們可以廣義線性模型來進行分析。

【資料輸入型式】

資料視圖

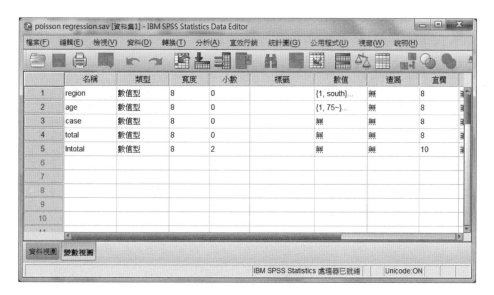

變數視圖

14.2 Poisson 迴歸分析的步驟

【統計處理的步驟】

步驟 1 先對地區與組變數設定標籤如下：

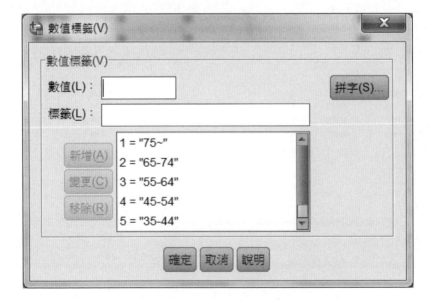

步驟 2 從轉換選擇計算變數。

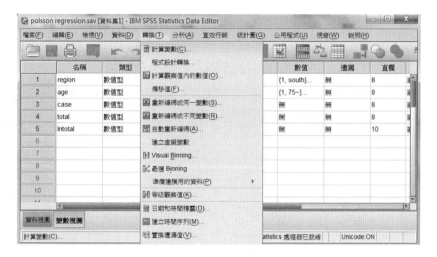

步驟 3 目標變數輸入 lntotal，數值表示式為 LN (total) 後按確定。

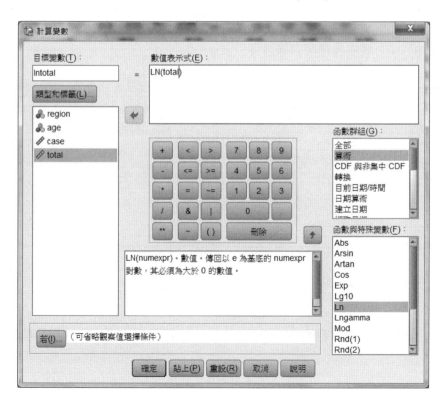

步驟 4 得出輸出如下。

步驟 5 從分析中選擇廣義線性模型 (G)。

步驟 6 模型類型選擇 Poisson 對數線性。

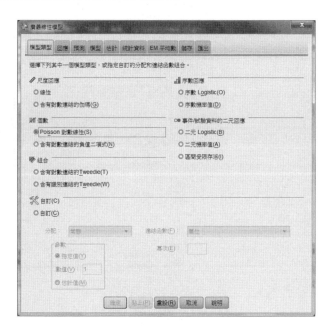

步驟 7 於回應中將 case 移入因變數中。

步驟 8 將 region、age 移入因素中,將 lntotal 移入偏移變數中。

步驟 9 將 region 與 age 移入模型中。

步驟 10 於估計中，參數估計方法選擇 Fisher，尺度參數方法選擇皮爾森卡方。

步驟 11 統計資料如預設。

步驟 12 於 EM 平均數中將 region 與 age 移入顯示平均數中。

步驟 13 於儲存中如下勾選。

步驟 14 於匯出中視需要勾選，此處不勾選。最後按確定。

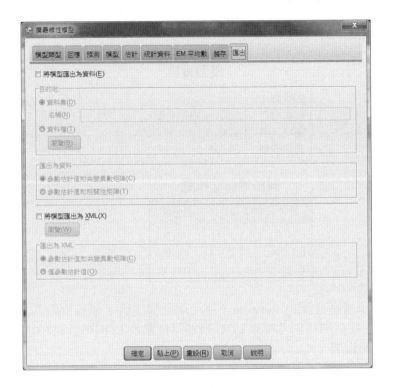

Tea Break

　　卜瓦松分配是一種統計與機率學裡常見到的離散機率分布，由法國數學家西莫恩・德尼・卜瓦松在 1838 年時發表。

14.3 SPSS輸出

【SPSS 輸出・1】

模型資訊

因變數	case
機率分布	Poisson 機率分配
連結函數	對數
偏移變數	intotal

觀察值處理摘要

	N	百分比
已併入	12	100.0%
已排除	0	0.0%
總計	12	100.0%

此表顯示機率分配為 Poisson，連結函數為對數。偏移變數（offset）為 lntotal。在模型中我們考慮以 LOG 為連結函數及 $LOG(N_{hi})$ 為平移調整項的卜瓦松迴歸模型。

適合度 [a]

	數值	df	值／df
離差	6.215	5	1.243
比例離差	5.082	5	
皮爾森（Pearson）卡方	6.115	5	1.223
比例皮爾森（Pearson）卡方	5.000	5	
對數概似 [b,c]	-39.220		
調整的對數概似 [d]	-32.068		
Akaike 資訊準則（AIC）	92.440		
最終樣本修正 AIC（AICC）	120.440		
Baresian 資訊準則（BIC）	95.834		
一致 AIC（CAIC）	102.834		

因變數：case

模型：（截距），region, age，偏移 = Intotal

a. 資訊準則為越小越好格式。

b. 即會顯示完整對數概似函數，並用於計算資訊準則中。

c. 對數概似是根據固定為 1 的尺度參數。

e. 調整的對數概似是根據預估尺度參數，並在模型固定Omnibus檢定中使用。

在表中首先針對模型適合度檢定，由於 Deviance 及 Pearson Chi-Square 的 Value/DF 值皆很靠近 1.00，所以可得知模型對於此筆資料有很高的配適度。

Omnibus 檢定 [a]

概似比卡方	df	顯著性
727.384	3	.000

因變數：case

模型：（截距），region, age，偏移 = Intotal

a. 根據僅含截距模型比較適用的模型。

模式係數的「Omnibus 檢定」裡，模式的卡方值為 727.384，顯著性 p<.05，表示本模式所選取的自變項能有效的聯合影響依變項。

參數評估

參數	B	平均數的錯誤	95%Wald 信賴區間 下限	95%Wald 信賴區間 上限	假設檢定 Wald 方卡	df	顯著性
（截距）	-10.658	.1053	-10.865	-10.452	10252.032	1	.000
[region=1]	.819	.0785	.666	.973	108.840	1	.000
[region=2]	0[a]	.	.	.	.	.	.
[age=1]	2.945	.1460	2.658	3.231	406.615	1	.000
[age=2]	2.366	.1454	2.081	2.651	264.561	1	.000
[age=3]	2.242	.1309	1.985	2.498	293.444	1	.000
[age=4]	1.913	.1310	1.656	2.170	213.327	1	.000
[age=5]	1.797	.1337	1.535	2.059	180.635	1	.000
[age=6]	0[a]	.	.	.	.	.	.
（尺度）	1.223[b]						

因變數：^1

模型：[%1:, case:

a. 設為零，因為此參數是冗餘的。

b. 根據皮爾森（Pearson）卡方計算。

表為模型參數的估計及檢定，由表中可知年齡層及地區對於皮膚癌的發生率皆有顯著影響，而且隨著年齡增加發生率也隨之遞增，45-54 歲相對於 35 歲以下男性的 IRR 為

$$IRR = e^{1.9131} = 14.744$$

南部地區比北部地區有較高發生率，其中

$$IRR = e^{0.8195} = 2.269$$

從地區的成對比較中知，兩地區間有顯著差異。

成對比較

(I) region	(J) region	平均差異 (I-J)	平均數的 錯誤	df	顯著性	95% Wald 差異的信賴區間	
						下限	上限
south	north	.00[a]	.000	1	.000	.00	.00
north	south	.00[a]	.000	1	.000	.00	.00

預估邊緣平均數的配對比較根據因變數 case 的原始尺度。
a. 平均值差異在 .05 層級顯著。

從年齡的成對比較中知，65-74 歲與 55-64 歲之間無顯著差異外，其餘均有顯著差異。

成對比較

(I) age	(J) age	平均差異 (I-J)	平均數的 錯誤	df	顯著性	95% Wald 差異的信賴區間	
						下限	上限
75-	65-74	.00[a]	.000	1	.000	.00	.00
	55-64	.00[a]	.000	1	.000	.00	.00
	45-54	.00[a]	.000	1	.000	.00	.00
	35-44	.00[a]	.000	1	.000	.00	.00
	-35	.00[a]	.000	1	.000	.00	.00
65-74	75-	.00[a]	.000	1	.000	.00	.00
	55-64	.00	.000	1	.372	.00	.00
	45-54	.00[a]	.000	1	.002	.00	.00
	35-44	.00[a]	.000	1	.000	.00	.00
	-35	.00[a]	.000	1	.000	.00	.00
55-64	75-	.00[a]	.000	1	.000	.00	.00
	65-74	.00	.000	1	.372	.00	.00
	45-54	.00[a]	.000	1	.008	.00	.00
	35-44	.00[a]	.000	1	.001	.00	.00
	-35	.00[a]	.000	1	.000	.00	.00

（I） age	（J） age	平均差異 （I-J）	平均數的 錯誤	df	顯著性	95% Wald 差異的信賴區間	
						下限	上限
45-54	75-	.00ª	.000	1	.000	.00	.00
	65-74	.00ª	.000	1	.002	.00	.00
	55-64	.00ª	.000	1	.008	.00	.00
	35-44	.00	.000	1	.352	.00	.00
	-35	.00ª	.000	1	.000	.00	.00
35-44	75-	.00ª	.000	1	.000	.00	.00
	65-74	.00ª	.000	1	.000	.00	.00
	55-64	.00ª	.000	1	.001	.00	.00
	45-54	.00	.000	1	.352	.00	.00
	-35	.00ª	.000	1	.000	.00	.00
-35	75-	.00ª	.000	1	.000	.00	.00
	65-74	.00ª	.000	1	.000	.00	.00
	55-64	.00ª	.000	1	.000	.00	.00
	45-54	.00ª	.000	1	.000	.00	.00
	35-44	.00ª	.000	1	.000	.00	.00

預估邊緣平均數的配對比較根據因變數 case 的原始尺度。

a. 平均值差異在 .05 層級顯著。

附錄
結構方程模式分析的應用

本章內容

　　爲了實際使用結構方程模式進行分析，以下使用醫院的意見調查進行分析，探討因果關係，以體驗此結構方程模式的有趣性。

A.1 多母體的同時分析

　　針對 3 家綜合醫院的使用者，進行如下的意見調查。

表 A.1.1　意見調查表

項目 1	您對此綜合醫院的照明覺得如何？	【照明（bright）】

壞　　1　　2　　3　　4　　5　　好

項目 2	您對此綜合醫院的色彩覺得如何？	【色彩（color）】

穩重　　1　　2　　3　　4　　5　　花俏

項目 3	您對此綜合醫院的休息空間的地點覺得如何？	【空間認知（space）】

不易使用　　1　　2　　3　　4　　5　　容易使用

項目 4	您對此綜合醫院的巡迴形式覺得如何？	【動線（moving）】

容易了解　　1　　2　　3　　4　　5　　不易了解

項目 5	您經常利用此綜合醫院嗎？	【使用次數（frequency）】

不利用　　1　　2　　3　　4　　5　　利用

項目 6	您對此綜合醫院的掛號收費覺得如何？	【掛號費用（fee）】

便宜　　1　　2　　3　　4　　5　　貴

以下的數據是有關 3 家綜合醫院 A、B、C 的使用者滿意度的調查結果。

表 A.1.2　綜合醫院類型 A

NO.	bright	color	space	moving	frequency	fee
1	3	3	3	4	2	4
2	3	3	2	5	2	3
3	2	4	2	2	3	3
4	4	2	3	4	1	3
5	3	3	2	3	4	1
6	4	2	2	5	5	3
7	3	3	2	5	5	3
8	2	4	3	2	1	3
9	4	2	3	4	4	1
10	2	4	3	2	5	3
11	2	2	3	3	4	4
12	2	3	2	5	4	1
13	3	4	2	5	1	4
14	4	3	2	4	1	3
15	3	3	1	5	1	4
16	3	4	3	3	2	3
17	4	3	3	4	2	4
18	2	4	2	5	2	4
19	4	2	2	4	1	4
20	4	2	2	4	3	4
21	3	3	1	4	3	2
22	3	3	3	5	1	3
23	4	3	2	5	2	3
24	2	4	3	5	2	2
25	2	4	4	2	4	4
26	5	3	3	1	2	3
27	5	4	4	5	2	3
28	5	5	4	4	4	3
29	5	5	4	5	4	1
30	5	1	3	5	2	4

表 A.1.3　綜合醫院類型 B

NO.	bright	color	space	moving	frequency	fee
31	3	4	3	2	2	2
32	2	3	3	5	5	4
33	3	3	3	1	3	3
34	3	4	3	4	4	2
35	2	3	2	3	1	3
36	3	3	2	4	3	3
37	3	3	4	4	4	1
38	1	5	2	4	4	1
39	4	2	2	4	3	2
40	4	2	1	3	1	4
41	4	2	3	5	1	2
42	3	3	2	5	1	3
43	2	4	2	5	3	2
44	3	3	3	4	5	2
45	4	4	3	4	3	2
46	4	3	3	3	5	3
47	4	4	3	4	5	2
48	2	2	4	2	3	2
49	4	4	2	3	3	2
50	2	2	3	4	3	2
51	4	4	2	5	4	3
52	3	3	2	4	4	4
53	4	4	2	4	3	4
54	3	3	5	3	4	2
55	4	4	4	1	4	2
56	2	4	2	5	1	4
57	3	4	4	5	2	4
58	3	4	4	3	1	3
59	4	4	3	4	4	2
60	3	3	2	4	2	4

表 A.1.4　綜合醫院類型 C

NO.	bright	color	space	moving	frequency	fee
61	4	2	2	2	5	3
62	2	4	3	2	4	1
63	5	4	4	1	4	4
64	3	3	3	2	3	1
65	5	1	2	3	2	3
66	3	3	3	2	3	2
67	4	4	4	2	3	4
68	3	3	3	1	5	1
69	3	3	3	2	5	3
70	4	4	3	1	5	1
71	3	3	5	2	5	2
72	3	3	3	3	4	2
73	3	4	2	3	2	2
74	4	4	2	3	3	3
75	2	5	3	3	4	3
76	3	3	2	2	2	3
77	4	3	3	4	3	3
78	3	3	2	5	2	3
79	3	3	4	2	4	4
80	4	4	2	5	1	4
81	3	3	3	2	2	3
82	3	3	3	2	2	5
83	3	3	4	3	4	3
84	3	3	4	4	2	2
85	3	4	5	1	3	1
86	4	4	4	2	2	2
87	4	4	2	4	2	3
88	3	3	2	2	2	4
89	5	2	3	3	1	2
90	4	3	4	3	1	5

> ## ➢ 想分析的事情是什麼

1. 調查項目

　　照明（bright）、色彩（color）、空間認知（space）、動線（moving）、使用次數（frequency）、掛號費用（fee）。

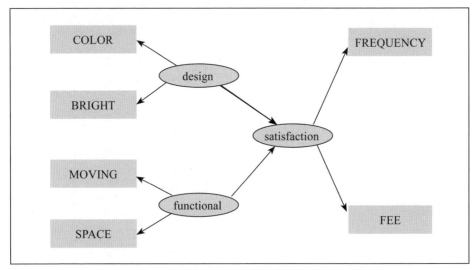

圖 A.1.1　路徑圖

　　此時想探討如下事項：

1. 從設計性來看，對使用者滿意度之影響來說，在綜合醫院 A、B、C 之間有何不同？
2. 從機能性來看，對使用者滿意度之影響來說，在綜合醫院 A、B、C 之間有何不同？
3. 設計性最高的綜合醫院是 A、B、C 之中的何者？
4. 機能性最高的綜合醫院是 A、B、C 之中的何者？
5. 利用者滿意度最高的是 A、B、C 之中的何者？

此時可以考慮如下的統計處理。

2. 統計處理

使用結構方程模式分析所用軟體 Amos 製作如下的路徑圖：

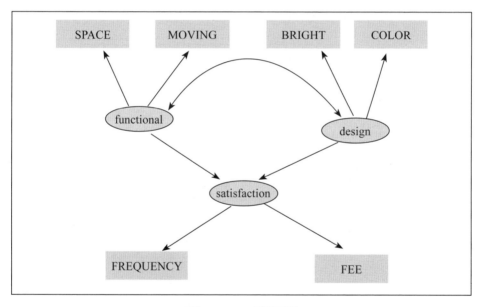

圖 A.1.2　路徑圖

利用多母體的同時分析分別估計 3 個類型中的如下路徑係數。

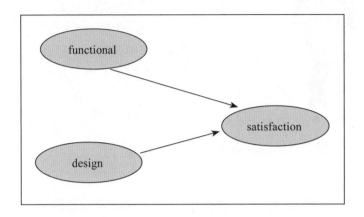

利用平均構造模式，針對

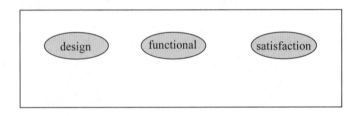

比較 3 個類型的平均之差異。

A.2 撰寫論文時

1. 結構方程模式分析之情形

撰寫論文要注意以下幾點。

　　因此，進行多母體的同時分析之後，從設計性到使用者滿意度的路徑係數，得出如下。

表 A.1.5　設計性到滿意度的路徑係數

係數＼類型	未標準化係數	標準化係數
綜合醫院 A	−0.383	−0.234
綜合醫院 B	−2.380	−0.666
綜合醫院 C	−0.681	−0.427

　　因此，設計性與使用者的滿意度不一定有關聯。
　　從機能性到利用者滿意度的路徑係數，得出如下。

表 A.1.6　機能性到滿意度的路徑係數

係數＼類型	未標準化係數	標準化係數
綜合醫院 A	0.144	0.046
綜合醫院 B	1.811	0.089
綜合醫院 C	1.728	0.651

　　因此，機能性與使用者的滿意度有關聯，但綜合醫院 A 比綜合醫院 B、C 來說，其關聯略低。
　　接著，可以了解什麼呢？

設計性與機能性的平均值，得出如下。

表 A.1.7　設計性與機能性的平均值

平均值＼類型	設計性	機能性
綜合醫院 A	0	0
綜合醫院 B	-0.248	0.097
綜合醫院 C	0.045	0.490

因此，以綜合醫院 A 爲基準時，在設計性上，綜合醫院 B 較差。
在機能性上，綜合醫院 C 較優勢。

設計性與機能性在平均值的周邊的使用者滿意度，得出如下。

表 A.1.8　周邊的使用者滿意度

類型	滿意度
綜合醫院 A	0
綜合醫院 B	0.473907
綜合醫院 C	0.391075

因此，知綜合醫院 B 的滿意度最高。
在此分析中，模式適合度指標的 RMSEA 是 0.000。
由以上事項可以判讀出什麼呢？

由以上事項可以判讀出
什麼呢？想想看。

A.3　數據輸入類型

表 A.1.2～表 A.1.4 的資料，如下輸入。數據請參 A-1.sav。

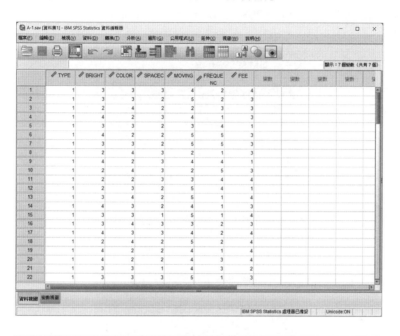

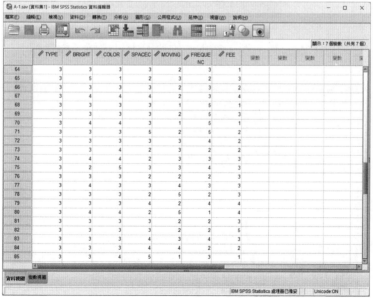

A.4 指定資料的檔案

以下以步驟的方式進行說明。

步驟 1　點選開始 =>IBM SPSS Amos =>Amos Graphics。

步驟 2　變成以下畫面時，從〔分析〕的清單中，選擇〔組管理〕。

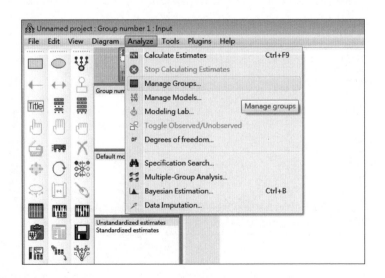

步驟 3　如下，〔組名〕成為 group number 1。

步驟 4　因之，如下輸入 typeA。
　　　　然後，按 Close 。

步驟 5　接著從〔檔案〕的清單中選擇〔資料檔〕。

步驟 6 變成資料檔的畫面時，按一下〔檔名〕。

步驟 7 指定用於分析的檔名 (A-1.sav) 按一下開啟 (O)。

步驟 8　回到資料檔的畫面時，如下在檔案的地方，顯示用於分析的檔名。接著，資料因分成了 3 個類型，因之按一下〔分組變數 (Group Variable)〕。

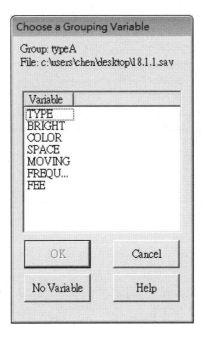

步驟 9　變成了選擇分組變數的畫面時，選擇類型 (TYPE)，按 確定 。

步驟 10 於是，在變數的地方，列入分組名稱「TYPE」。
接著，按一下〔組值 (Group Value)〕。

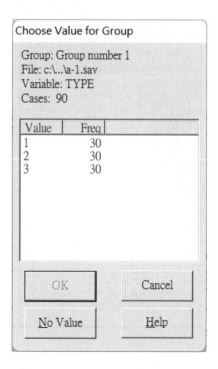

步驟 11 變成組識別值的選擇畫面時，選擇數值之中的 1，按 OK 。

步驟 12 於是，在資料檔的畫面中的數值處列入 1 。
然後，按 OK 。

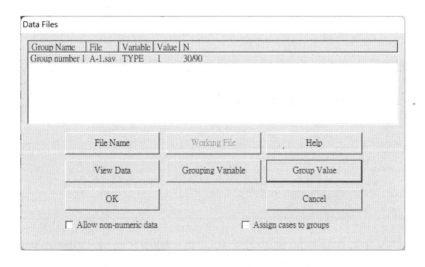

依據步驟以圖進圖出的
方式即可完成設定。

A.5 繪製共同的路徑圖

步驟 1 此分析由於想指定平均值與截距，所以從〔檢視〕的清單中選擇〔分析性質〕。

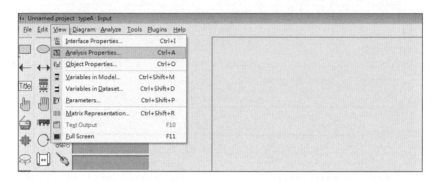

步驟 2 變成分析性質的畫面時，點一下〔估計〕勾選〔估計平均值與截距〕，也點一下〔輸出〕，勾選〔標準化估計值〕，然後關閉此分析性質之視窗。

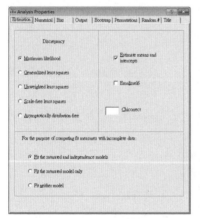 

Tea Break

此處的點選是針對潛在變數的設定。

步驟 3　回到 Graphics 的畫面時如下繪製路徑圖。

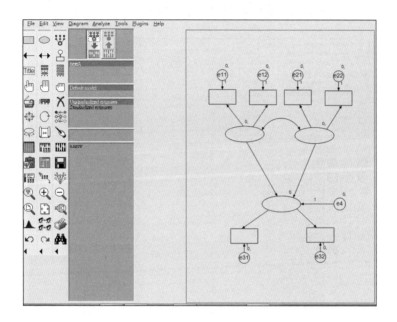

 **Tea Break**

　　因在步驟 2 中對估計平均值與截距已有勾選,所以在圓或橢圓的右肩上加上 0。此意指以類型 A 為基準,因之類型 A 的平均 =0。
　　e11 等的變數名,如在圓上連按兩下,會出現物件性質之畫面,然後如下輸入變數名即可。

步驟 4 為了在□中輸入觀察到的變數名，從〔檢視〕的清單中選擇〔資料組中所含有的變數 (Variables in Dataset〕。

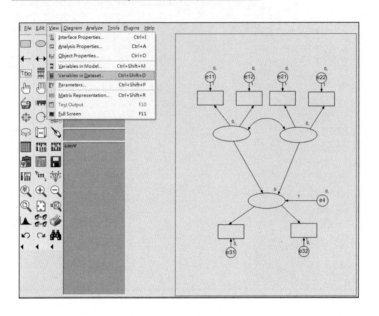

步驟 5 如下出現資料檔的變數名的畫面，因之按一下用於分析變數名，再拖曳到□ 之上。

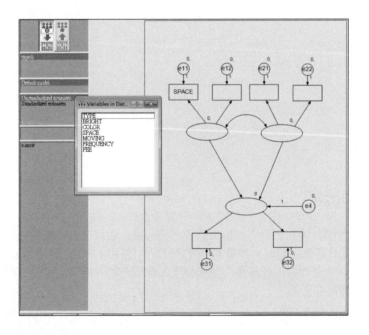

步驟 6　重複此動作，變數名的投入結束時，關閉資料組中所包含變數的畫面。

〔註〕如投錯名稱時，在□上按兩下，在所出現的物件性質的畫面上即可刪除。

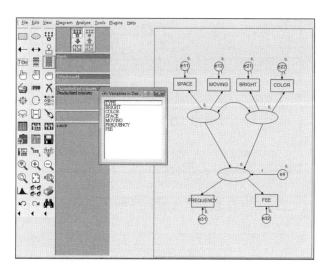

步驟 7　其次，為了在 ⬭ 之中放入潛在變數名，在 ⬭ 的上面按右鍵，然後選擇〔物件性質 (Object Properties)〕。

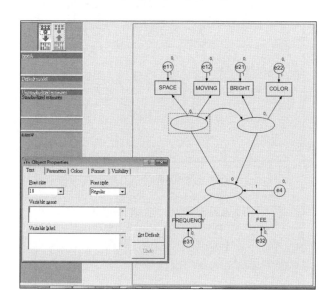

步驟 8 在〔物件性質〕的方框的〔變數名〕中輸入潛在變數名 functional，
再關閉畫面。

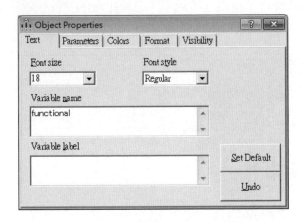

步驟 9 於是在 ⬭ 之中放進了潛在變數名稱〔functional〕。

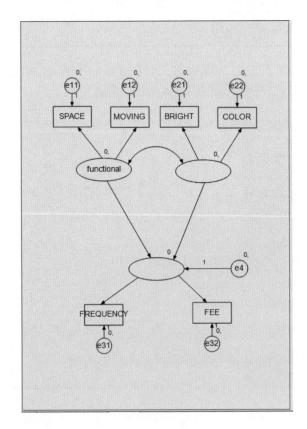

步驟 10 重複此動作，完成的圖形如下顯示。

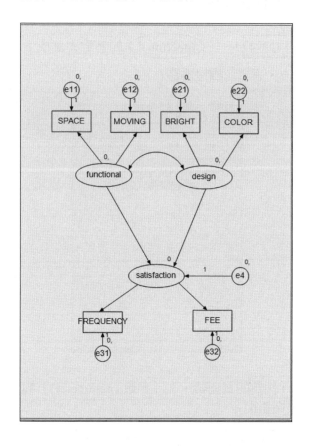

 Tea Break

Amos 真是方便的分析工具！

A.6 指定共同的參數

步驟1 為了將 space ← functional 的參數固定成 1，右鍵按一下箭頭的上方，選擇〔物件性質〕。

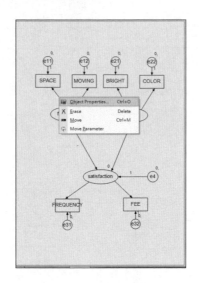

步驟2 變成物件性質的畫面時，在〔參數 (parameter)〕Tab 的係數中輸入 1，再關閉畫面。

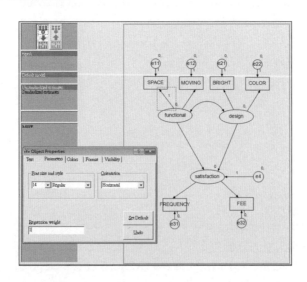

步驟 3　於是路徑圖的箭線上放入 1。

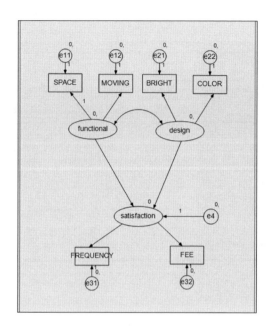

步驟 4　 bright ◄── design 與 satisfaction ──► frequency 的
箭線上也同樣放入 1。

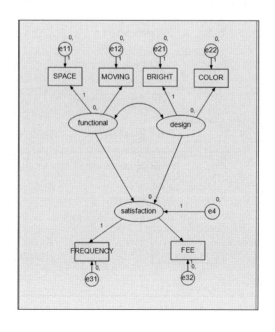

步驟 5 接著，對剩下部分的參數加上名稱。
因此，從 Plugins 的清單中選擇〔name parameters〕。

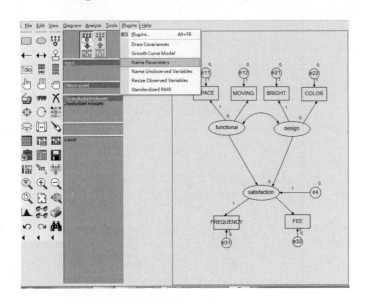

步驟 6 此處，如下勾選後按 確定 。

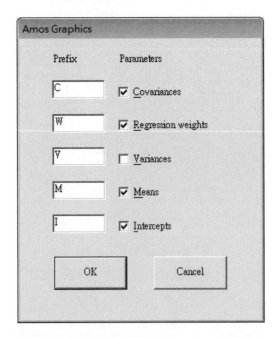

步驟 7　於是如下在路徑圖上加上參數名。

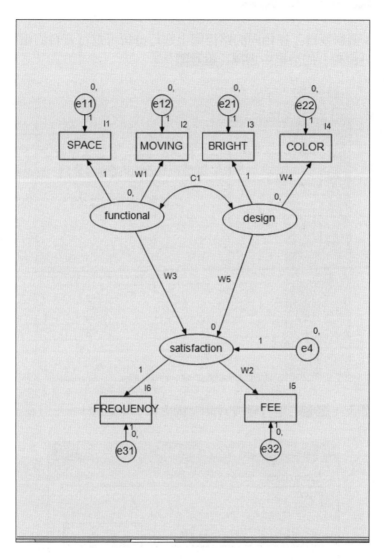

A.7 資料的組管理

步驟 1 3 個類型為了在相同的路徑圖上進行分析可進行資料的組管理。從〔分析〕的清單中選擇〔組管理〕。

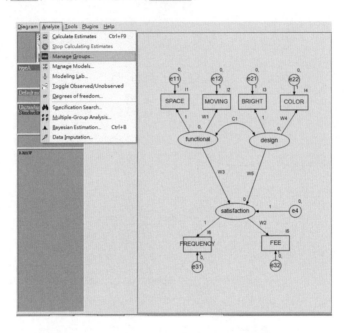

步驟 2 如下，組名的地方變成 type A 因之按一下新增。

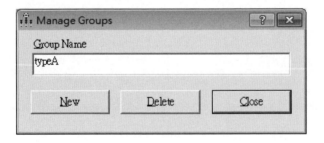

步驟 3　由於組名 (G) 變成 Number 2，乃輸入 type B 再按新增 (N)。

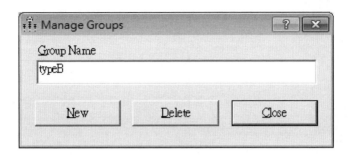

步驟 4　接著，輸入 type C 之後，按 Close 。

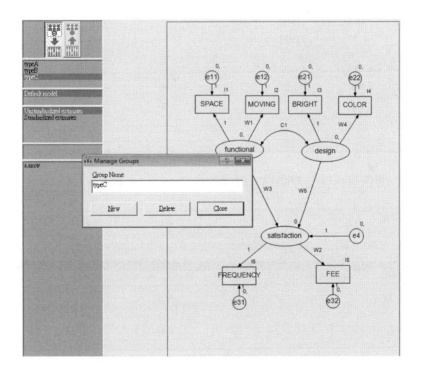

步驟 5 為了分別指定類型 B 與類型 C 的資料，從〔檔案〕的清單中選擇〔資料檔〕。

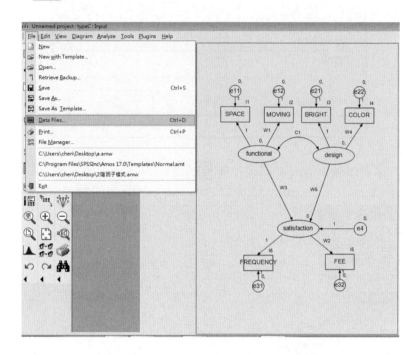

步驟 6 變成資料檔的畫面時，選擇類型 B，按一下檔名。

Group Name	File	Variable	Value	N
typeA	A-1.sav	TYPE		90/90
typeB	<working>			
typeC	<working>			

File Name	Working File	Help
View Data	Grouping Variable	Group Value
OK		Cancel

☐ Allow non-numeric data　　　☐ Assign cases to groups

步驟 7　與類型 A 一樣指定檔名 (A-1.sav)，按一下 開啟 (O)。

步驟 8　接著，與步驟 8～11 相同，設定分組變數名與組的識別值。於是，
類型 B 的資料檔即如下加以設定。

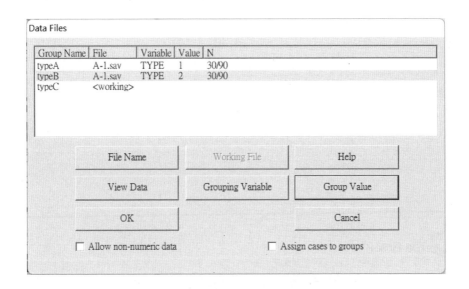

步驟 9 類型 C 也與步驟 6～8 同樣設定。

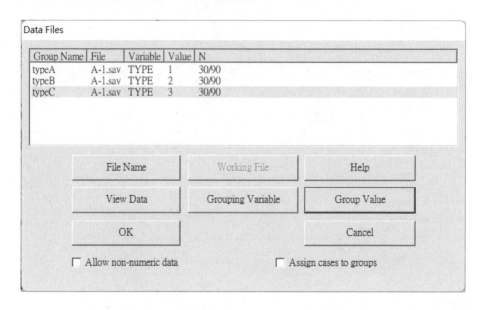

Tea Break

為了對 3 個綜合醫院 A. B. C 的潛在變數貼上「相同名稱」
　　　　　設計性　　機能性　　滿意度
，有需要將「參數 W1, W2, W3 之值共同設定」。

A.8　於各類型中部分變更參數的指定

步驟 1　按一下類型 B 時，出現與類型 A 相同的路徑圖。

為了變更 機能性 ⟶ 滿意度 的參數名稱在箭線上按兩下將係數從 W3 變更為 W32。

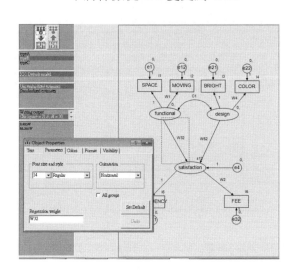

不要忘了要先將 all group 的勾選取消喔！

步驟 2　同樣，將 設計性 ⟶ 滿意度 的參數按兩下，將係數從 W5 變更為 W52。

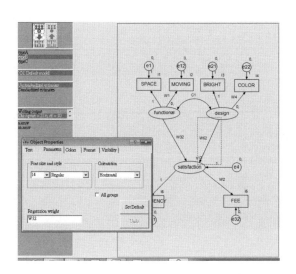

步驟 3 接著,將 機能性 ⌒ ⌒ 設計性 的參數按兩下,將係數從 C1 變更為 C12。

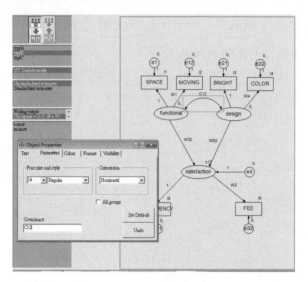

步驟 4 為了變更 機能性 的平均的參數名,在 機能性 之上按兩下將平均從 0 變更為 h12。

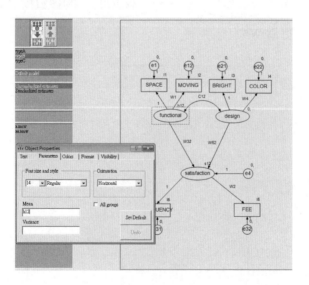

步驟 5 　(設計性)的平均也一樣從 0 變更為 h22。

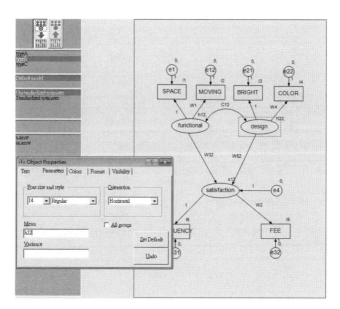

步驟 6 　最後，為了變更 (滿意度) 的截距的參數名，在 (滿意度) 之上按兩下，將截距從 0 變更為 s12。

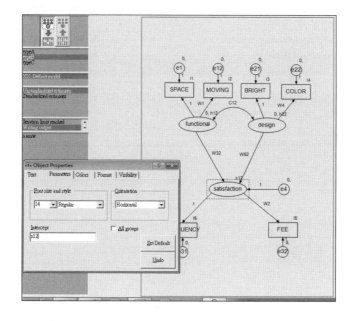

步驟 7 類型 B 的參數名變成如下。

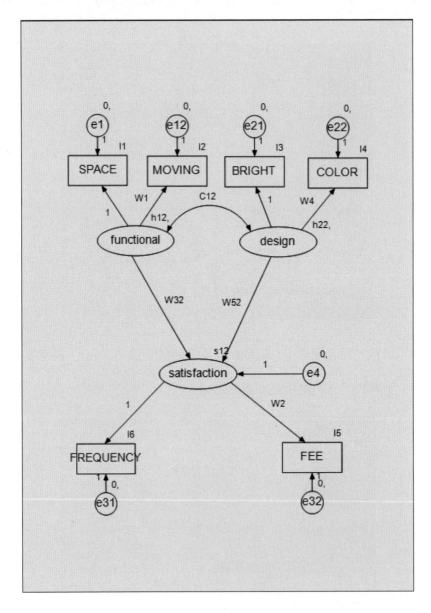

步驟 8　類型 C 的參數名變成如下。

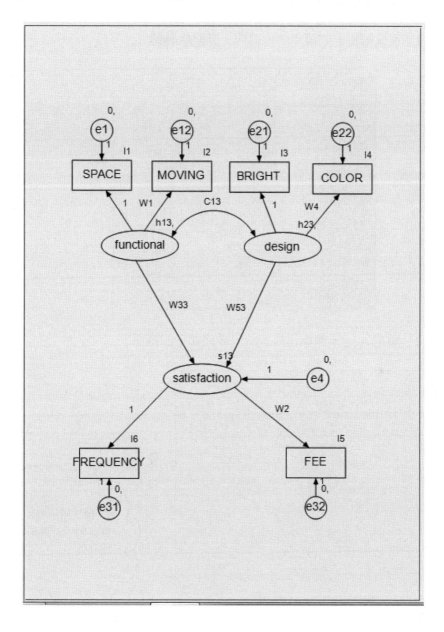

A.9 Amos的執行

步驟 1 從〔分析〕的清單中,選擇〔計算估計值〕。

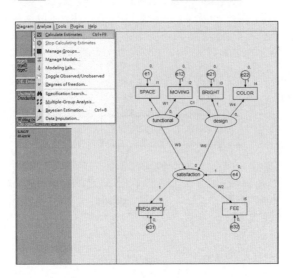

步驟 2 類型 A 的未標準化估計值,變成如下的畫面。

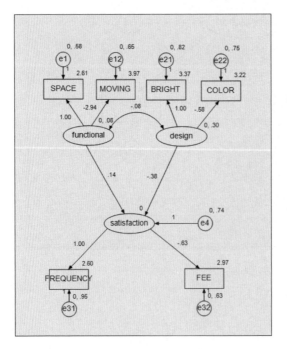

xx 模式變成 OK 模式時,計算即已完成。

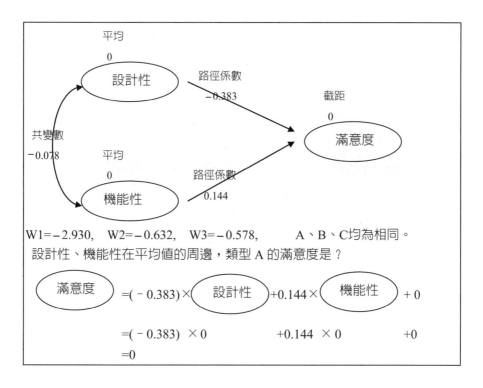

W1=−2.930,　W2=−0.632,　W3=−0.578,　　　A、B、C均為相同。

設計性、機能性在平均值的周邊，類型 A 的滿意度是？

滿意度 ＝(−0.383)×設計性+0.144×機能性 + 0

　　　　＝(−0.383) ×0　　　　　　+0.144 ×0　　　　　　+0

　　　　＝0

類型 A 的輸出結果

步驟 3 類型 B 的未標準化估計值變成如下。

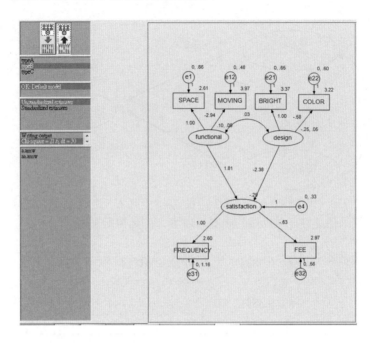

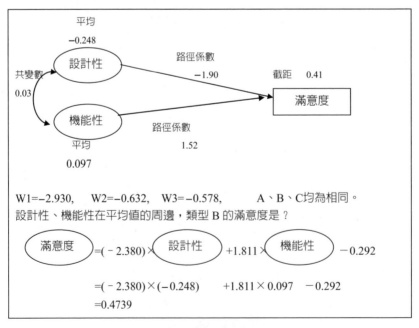

W1=−2.930, W2=−0.632, W3=−0.578, A、B、C均為相同。

設計性、機能性在平均值的周邊，類型 B 的滿意度是？

$$滿意度=(-2.380)\times 設計性 +1.811\times 機能性 -0.292$$

$$=(-2.380)\times(-0.248) +1.811\times 0.097 -0.292$$

$$=0.4739$$

類型 B 的輸出結果

步驟 4　類型 C 未標準化估計值成為如下。

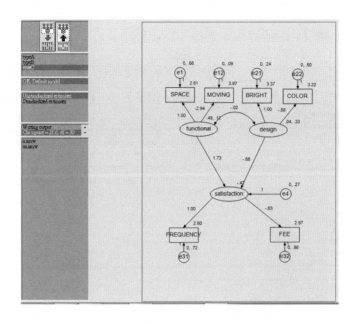

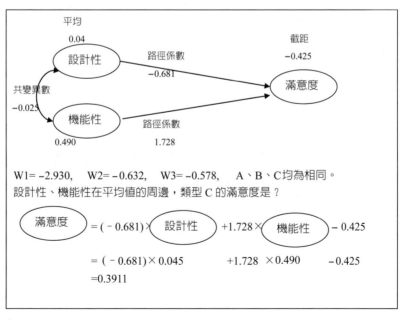

W1= -2.930,　W2= -0.632,　W3= -0.578,　A、B、C均為相同。
設計性、機能性在平均值的周邊，類型 C 的滿意度是？

滿意度 = (- 0.681)× 設計性 +1.728× 機能性 - 0.425

　　　= (- 0.681)× 0.045　　　+1.728 × 0.490　　 - 0.425
　　　=0.3911

類型 C 的輸出結果

A.10 輸出結果的顯示

步驟 1 從〔檢視〕的清單中，選擇〔Text 輸出〕。

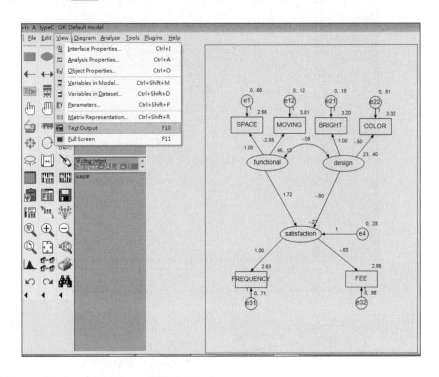

步驟 2 變成了如下的 Text 輸出畫面。
首先，按一下〔參數估計值〕，觀察輸出結果看看。

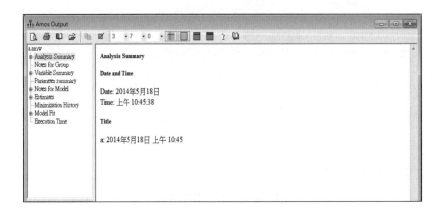

步驟 3　點一下 type A，針對參數估計值如下顯示路徑係數。

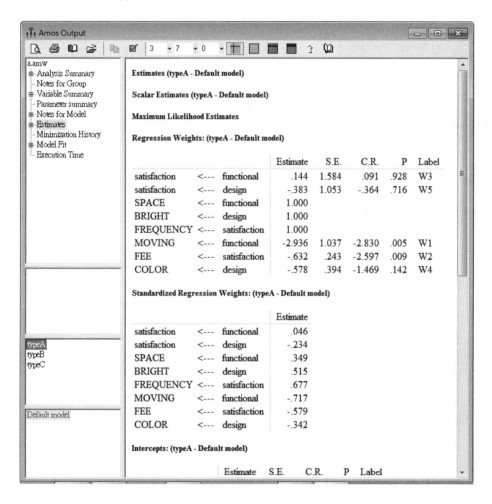

點一下 type B，針對參數估計值如下顯示路徑係數。

Amos Output

a.amw
- Analysis Summary
- Notes for Group
- Variable Summary
- Parameter summary
- Notes for Model
- Estimates
- Minimization History
- Model Fit
- Execution Time

Regression Weights: (typeB - Default model)

			Estimate	S.E.	C.R.	P	Label
satisfaction	<---	functional	1.811	5.886	.308	.758	W32
satisfaction	<---	design	-2.380	14.510	-.164	.870	W52
SPACE	<---	functional	1.000				
BRIGHT	<---	design	1.000				
FREQUENCY	<---	satisfaction	1.000				
MOVING	<---	functional	-2.936	1.037	-2.830	.005	W1
FEE	<---	satisfaction	-.632	.243	-2.597	.009	W2
COLOR	<---	design	-.578	.394	-1.469	.142	W4

Standardized Regression Weights: (typeB - Default model)

			Estimate
satisfaction	<---	functional	.689
satisfaction	<---	design	-.666
SPACE	<---	functional	.342
BRIGHT	<---	design	.260
FREQUENCY	<---	satisfaction	.586
MOVING	<---	functional	-.782
FEE	<---	satisfaction	-.548
COLOR	<---	design	-.161

typeA
typeB
typeC

Default model

Means: (typeB - Default model)

	Estimate	S.E.	C.R.	P	Label
functional	.097	.104	.940	.347	h12
design	-.248	.226	-1.097	.273	h22

Intercepts: (typeB - Default model)

	Estimate	S.E.	C.R.	P	Label

點一下 type C，針對參數估計值如下顯示路徑係數。

Amos Output

a.amw
- Analysis Summary
- Notes for Group
- Variable Summary
- Parameter summary
- Notes for Model
- Estimates
- Minimization History
- Model Fit
- Execution Time

typeA
typeB
typeC

Default model

Regression Weights: (typeC - Default model)

			Estimate	S.E.	C.R.	P	Label
satisfaction	<---	functional	1.728	.901	1.918	.055	W33
satisfaction	<---	design	-.681	.616	-1.106	.269	W53
SPACE	<---	functional	1.000				
BRIGHT	<---	design	1.000				
FREQUENCY	<---	satisfaction	1.000				
MOVING	<---	functional	-2.936	1.037	-2.830	.005	W1
FEE	<---	satisfaction	-.632	.243	-2.597	.009	W2
COLOR	<---	design	-.578	.394	-1.469	.142	W4

Standardized Regression Weights: (typeC - Default model)

			Estimate
satisfaction	<---	functional	.651
satisfaction	<---	design	-.427
SPACE	<---	functional	.390
BRIGHT	<---	design	.761
FREQUENCY	<---	satisfaction	.735
MOVING	<---	functional	-.960
FEE	<---	satisfaction	-.505
COLOR	<---	design	-.424

Means: (typeC - Default model)

	Estimate	S.E.	C.R.	P	Label
functional	.490	.191	2.569	.010	h13
design	.045	.224	.199	.842	h23

Intercepts: (typeC - Default model)

	Estimate	S.E.	C.R.	P	Label

步驟 4　按一下模式適合度（Model Fit）。
如下顯示有關適合度的統計量。

Amos Output

a.amw
- Analysis Summary
- Notes for Group
- Variable Summary
- Parameter summary
- Notes for Model
- Estimates
- Minimization History
- Model Fit
- Execution Time

typeA
typeB
typeC

Default model

Model Fit Summary

CMIN

Model	NPAR	CMIN	DF	P	CMIN/DF
Default model	51	21.552	30	.870	.718
Saturated model	81	.000	0		
Independence model	36	61.747	45	.049	1.372

Baseline Comparisons

Model	NFI Delta1	RFI rho1	IFI Delta2	TLI rho2	CFI
Default model	.651	.476	1.266	1.757	1.000
Saturated model	1.000		1.000		1.000
Independence model	.000	.000	.000	.000	.000

Parsimony-Adjusted Measures

Model	PRATIO	PNFI	PCFI
Default model	.667	.434	.667
Saturated model	.000	.000	.000
Independence model	1.000	.000	.000

NCP

Model	NCP	LO 90	HI 90
Default model	.000	.000	4.813
Saturated model	.000	.000	.000
Independence model	16.747	.067	41.468

FMIN

A.11 輸出結果的判讀

1. CMIN 是卡方值
　　　　　　　（顯著）機率 0.870> 顯著水準 0.05
可以認為模式是合適的。
如（顯著）率 < 顯著水準 0.05 時，可以認為模式是不適合的。

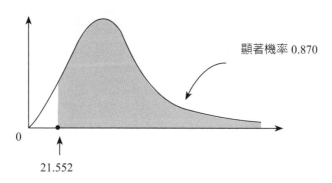

顯著機率 0.870

21.552

圖 A.1.3　自由度 30 的卡方分配

2. NFI = 0.651
　NFI 接近 1 時，模式的適配可以說是好的。
　NFI = 0.651，因之模式的適配可以認為是好的。
3. RMSEA 未滿 0.05 時，模式的適配可以說是好的
　RMSEA 在 0.1 以上時，模式的適配可以說是不好的
　RMSEA = 0.000，因之模式的適配可以認為是好的。
4. AIC 是赤池訊息量基準。
　AIC 小的模式是好的模式。
〔註〕有興趣的讀者可參閱另一書《醫護統計與 AMOS 分析方法與應用》。

步驟 1   想輸出標準化估計值時，從檢視 (V) 的清單中，選擇分析性質 (A)。

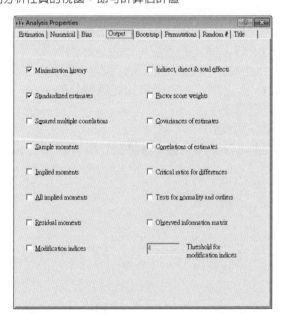

步驟 2   接著在輸出的 Tab 中，勾選
　　　　□ 標準化估計值
　　　　在關閉分析性質的視窗，即可計算估計值。

國家圖書館出版品預行編目資料

圖解類別資料分析／陳耀茂編著. －－初
　版. －－臺北市：五南圖書出版股份有限公
　司, 2023.07
　面；　公分
　ISBN 978-626-343-914-6（平裝）

1.CST: 數理統計　2.CST: 多變量分析

511.7　　　　　　　　　　112003257

5BL8
圖解類別資料分析

作　　　者 ― 陳耀茂（270）

發 行 人 ― 楊榮川

總 經 理 ― 楊士清

總 編 輯 ― 楊秀麗

副總編輯 ― 王正華

責任編輯 ― 張維文

封面設計 ― 姚孝慈

出 版 者 ― 五南圖書出版股份有限公司

地　　　址：106台北市大安區和平東路二段339號4樓

電　　　話：(02)2705-5066　　傳　　　真：(02)2706-6100

網　　　址：https://www.wunan.com.tw

電子郵件：wunan@wunan.com.tw

劃撥帳號：01068953

戶　　　名：五南圖書出版股份有限公司

法律顧問　林勝安律師

出版日期　2023年7月初版一刷

定　　　價　新臺幣420元

經典永恆·名著常在

五十週年的獻禮——經典名著文庫

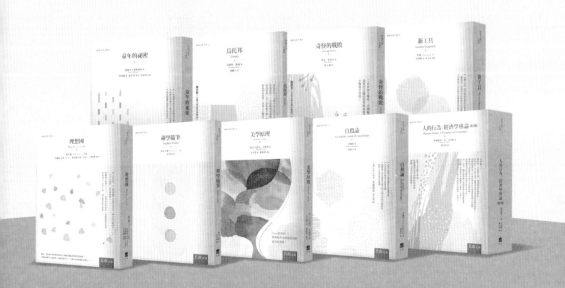

五南，五十年了，半個世紀，人生旅程的一大半，走過來了。

思索著，邁向百年的未來歷程，能為知識界、文化學術界作些什麼？

在速食文化的生態下，有什麼值得讓人雋永品味的？

歷代經典·當今名著，經過時間的洗禮，千錘百鍊，流傳至今，光芒耀人；

不僅使我們能領悟前人的智慧，同時也增深加廣我們思考的深度與視野。

我們決心投入巨資，有計畫的系統梳選，成立「經典名著文庫」，

希望收入古今中外思想性的、充滿睿智與獨見的經典、名著。

這是一項理想性的、永續性的巨大出版工程。

不在意讀者的眾寡，只考慮它的學術價值，力求完整展現先哲思想的軌跡；

為知識界開啟一片智慧之窗，營造一座百花綻放的世界文明公園，

任君遨遊、取菁吸蜜、嘉惠學子！